U0954517

中国艺术研究院基本科研业务费院级学术研究项目

项目编号：2021-1-9

民智民生：
新时代文艺市场的发展和治理

MIND AND MONEY :
DEVELOPMENT AND GOVERNANCE OF
THE ARTS AND CULTURE MARKET
IN THE NEW ERA

秦兰珺 · 著

新时代文艺理论研究丛书

BOOKS OF RESEARCH ON LITERARY AND ARTISTIC THEORIES IN THE NEW ERA

文化藝術出版社
Culture and Art Publishing House

图书在版编目（CIP）数据

民智民生 ： 新时代文艺市场的发展和治理 / 秦兰珺著. — 北京 ： 文化艺术出版社, 2024. 7. — (新时代文艺理论研究丛书). — ISBN 978-7-5039-7660-5

Ⅰ. G124

中国国家版本馆 CIP 数据核字第 2024977F0Q 号

民智民生：新时代文艺市场的发展和治理

著　　者　秦兰珺
责任编辑　贾　茜
责任校对　董　斌
书籍设计　李　响
出版发行　文化艺术出版社
地　　址　北京市东城区东四八条52号　（100700）
网　　址　www.caaph.com
电子邮箱　s@caaph.com
电　　话　（010）84057666（总编室）　84057667（办公室）
　　　　　84057696—84057699（发行部）
传　　真　（010）84057660（总编室）　84057670（办公室）
　　　　　84057690（发行部）
经　　销　新华书店
印　　刷　国英印务有限公司
版　　次　2024年8月第1版
印　　次　2024年8月第1次印刷
印　　张　6.625
字　　数　137千字
开　　本　880 毫米 × 1230 毫米　1/32
书　　号　ISBN 978-7-5039-7660-5
定　　价　48.00元

版权所有，侵权必究。如有印装错误，随时调换。

新时代文艺理论研究丛书
编辑委员会

主　　任：周庆富

副 主 任：喻　静

编　委（按姓氏笔画排序）：

王　红　王中忱　卢燕娟　李修建　何吉贤　陈　曦
祝东力　贺桂梅　崔　柯　董学文　韩毓海　鲁太光

项目组成员（按姓氏笔画排序）：

叶　青　刘永明　李　静　秦兰珺　鲁太光

总序

习近平总书记在哲学社会科学工作座谈会上的讲话中明确指出，坚持以马克思主义为指导，是当代中国哲学社会科学区别于其他哲学社会科学的根本标志；坚持以马克思主义为指导，核心要解决好为什么人的这个哲学社会科学研究的根本性、原则性问题。习近平总书记强调，我国哲学社会科学要有所作为，就必须坚持以人民为中心的研究导向。

中国艺术研究院是我国唯一一所集艺术研究、艺术教育、艺术创作、非物质文化遗产保护和文化艺术智库为一体的国家级综合性学术机构。中国艺术研究院要认真贯彻落实习近平总书记的重要讲话精神。

首先，做真学问。真学问就是以人民为中心的学问，就是有情怀、求真知、守真理、为人民的学问。全院学者需心系人民、用心用情，努力以高质量的艺术研究成果服务于人民日益增长的美好生活需要。

其次，要做大学问。全院要从国之大者的高度认识艺术研究，开展艺术研究，不能将艺术研究变成一己喜好、杯水风波。我们鼓励个人研究与国家需要相结合，鼓励专家学者既立足现实又眼光长远，努力以高质量的艺术研究成果助力中国式现代化，助力中华民族伟大复兴。

再次，要做有根的学问。一是从中华文明的“突出特性”，特别是“连续性”出发，认识中国，认识中国艺术，努力把马克思主义基本原理同中国具体实际、同中华优秀传统文化相结合，建设中华民族现代文明，推进艺术研究工作。二是要从中国艺术研究院的学术传统出发，赓续好“前海学派”的学术精神、学术作风、学术方法，以中国艺术学“三大体系”建设为抓手，力争在重点领域取得突破性成果。

“新时代文艺理论研究丛书”以习近平文化思想为指导，在反复研读习近平总书记文艺工作重要论述的基础上，精选党领导文艺的经验研究、新时代人民文艺论述研究、新时代优秀文艺作品理论研究、新时代文艺批评研究、新时代文艺市场发展和治理研究五个专题，既进行理论探讨，也对一些重要文艺现象、作品进行评析，总结党在领导文艺工作的不同阶段，特别是党的十八大以来，创造性运用马克思主义基本原理解决文艺问题时进行的探索、取得的成果、凝萃的经验，以及对中国特色社会主义新时代文艺工作的指引作用。应该说，这是一套具有较高质量的学术丛书，是学习习近平文化思想的初步收获。

今年是习近平总书记《在文艺工作座谈会上的讲话》发表10周年。在这个特殊的年份出版这套丛书，既是献礼，也是为了表达我们的心声：我们将继续努力，以高质量的艺术研究服务人民、服务国家。

周庆富

2024年4月15日

自序

在习近平总书记关于文艺工作的重要论述中，“文艺与市场”有关论述篇幅不多，但分量很重。“改革开放以来，我国文艺创作迎来了新的春天，产生了大量脍炙人口的优秀作品”“优秀的文艺作品，最好是既能在思想上、艺术上取得成功，又能在市场上受到欢迎”，习近平总书记对市场在文艺生产资源配置中发挥的积极作用、对艺术品的商品价值首先是充分肯定的。但他也同样注意到，市场在配置文艺生产资源的过程中，很可能已经产生了负面影响。在“文艺不能当市场的奴隶，不要沾满了铜臭气”的整体要求下，对社会效益的重视已经成为近年来整个文艺行业发展的总趋势。对文艺行业出现的“机械化生产、快餐式消费”“追求奢华”“粗制滥造”“搜奇猎艳”的诸多诊断，也已经成为近年来我国开展文艺治理创新、产业优化、行业自律的核心问题意识。近年来，我国文化产业、文艺市场、文娱行业等领域的部分重要变化，都在相关论断指出的方向下展开。

本书将聚焦“现代生产机制如何配置文艺生产资源”这个问题，将“文艺与市场”放在该问题串联起来的历史脉络中，梳理相关背景和进程，对市场配置文艺生产资源的成绩进行盘点，对过度市场化的问题和症候进行研判，并梳理近年来在习近平总书记关于文艺工作的重要论述影响下我国文化产业发生的重要变化。最后，本书还将对新时代文艺市场发展和治理的几个难题进行专题讨论。

目录

第一章

市场在文艺生产资源的配置中发挥作用的背景和进程

文艺可以教化民众，也可以经济民生。文艺的意识形式和商品属性并非到了现代才为人所认识，但直到现代，才有需要和条件，建立突出某一属性的现代生产机制，以实现文艺从自娱式、作坊式的生产到“大规模生产”的现代化蜕变。

第一节 新中国文艺生产的计划机制及其对市场的改造

如何开展大规模文艺生产？新中国的文艺生产首先采取的是一种权力高度集中的国家赞助模式。该机制在组织上，一是在中央设立了统一规划文艺生产的职能部门，对生产的目的、内容，产品的流通和消费等事宜进行全面指导；二是建立了与行政系统相配套的各级文教宣传机构，方便自上而下的意志层层传导、贯彻落实；三是建立了与各级机构相配套的干部机制，国家负责个人从出生到死亡的各项事宜，以保证国家干部全心全意从事文艺生产。

该模式在原理上遵从了经典马克思主义对文艺事业的认识和判断：文艺是一种与特定时期的经济结构相适应的社会意识形式，文化事业作为一种“社会财富再分配的手段”，应由国家充当总赞助人。在实践上参考了当时的苏联模式，延续了解放区带有战时经济特色的文艺生产机制，并与当时的社会主义计划经济体制相适应。尽管由于复杂的国内外背景，该机制在运行中有过各种曲折，但确实在一定历史阶段内能够集中我国最优质的文艺资源，在党的指导下为人民群众从事创作。在1949年到1966年这17年间，在文学、舞台艺术、影视艺术、造型艺术等各领域，都出现了融思想性、艺术性和观赏性于一体的社会主义文艺经典。

尽管具有计划特色，但人们也认识到了市场在促进竞争、鼓励生产上的优势，意识到了市场孕育的人才、类型等在“人民群众喜闻乐见”上的长处。这一点一是表现在该机制的建立和发展一直伴随着对市场及其“遗产”的改造和利用上。二是表现在政策相对宽松时期，人们也曾尝试在局部借鉴市场的经营管理机制，进行改革和优化。

以电影这一相较其他艺术形式在工业化和大众化上都更突出的艺术门类为例，中国电影生产机制的建立和发展一方面是对市场的“遗产”进行各种意义上的社会主义改造。总体上来说，改造主要发生在三个方面。一是改“制”，主要表现在改造以上海为中心的进步私营电影制片厂和放映机构上，例如，昆仑、文华、

图 1-1　新中国影坛二十二大明星　图片来源：网络

国泰、大同等私营电影制片机构并入上海联合电影制片厂（上海电影制片厂前身）；二是改“人”，主要方式是团结教育赞成改造的艺人、优伶、导演等，使其成为新中国的文艺工作者，让其成为社会主义国家自己的“大明星”[①]；三是改艺术，这一点尤其体现在以《冰山上的来客》《平原游击队》《野火春风斗古城》《渡江侦察记》等为代表的社会主义惊险片上。该类型在尝试以商业惊险片的叙事方式（铺陈悬念、设置冲突）讲述革命斗争的同时，又力争避免刻意求险、制造噱头的商业片弊端，堪称“洋为中用”的

① 1961 年，在周恩来的指导下，参照苏联 22 大明星，电影界评选出新中国电影 22 大明星，其中谢添、赵丹、孙道临、白杨、张瑞芳、秦怡、上官云珠、王丹凤等都曾经是老上海的电影明星。参见张彩虹《明星制度与中国电影产业化》，中国广播影视出版社 2017 年版，第 285 页。

图 1-2 社会主义惊险片《冰山上的来客》剧照

典范，有研究者称该类型是 20 世纪五六十年代新中国电影与世界电影对话的唯一电影类型。①

另一方面是借鉴市场在经营管理上的经验，针对自身弊端进行内部改进，尤其体现在 1956 年“舍饭寺会议”和 1961 年“新侨会议”前后的一系列呼吁和改革上。1956 年 4—10 月，文化部派出蔡楚生等带队的中国电影考察团赴欧考察英法等国的电影生产机制，归国后蔡楚生向中央政治局、中宣部、文化部提交了《国外电影事业中可供参考改进的一些做法及对我国电影事业

① 参见丘静美《类型研究与冷战电影：简论“十七年”特务侦察片》，朱晓曦译，《当代电影》2006 年第 3 期。

的一些建议》；1956 年 10—11 月，中影局召开制片厂厂长会议（又称“舍饭寺会议”），就如何落实“双百”方针展开讨论，并听取了蔡楚生等人的考察报告。会议决定改革“故事片厂”这种以苏联为范本的生产组织形式和领导方式，提出“自选题材、自由组合、自负盈亏和以导演为中心”的生产机制改革设想，会后草拟了《关于改进电影制片工作若干问题》的报告，报送文化部党组；此后，北京电影制片厂、长春电影制片厂等的管理权曾下放地方政府，上海电影制片厂出现了“五老社”“五花社”等由电影工作者自由组合而成的创作小组，北京电影制片厂则成立了生产指挥部和艺术委员会，制定了“两本三片”“三查一验”①等现代项目管理制度。1961 年 6—7 月，中宣部、文化部在北京新侨饭店召开了全国电影故事片创作会议（“新侨会议”），议题是如何贯彻“双百”方针。会后发布了《文艺八条》等文件，主要内容包括：一、进一步贯彻执行百花齐放、百家争鸣的方针；二、努力提高创作质量；三、批判地继承民族遗产和吸收外国文化；四、正确地开展文艺批评；五、保证创作时间，注意劳逸结合；六、培养优秀人才，奖励优秀创作；七、加强团结，继续改造；八、改进领导方法和领导作风。(《关于当前文学艺术工作若干问题的

---

① 参见张彩虹《明星制度与中国电影产业化》，中国广播影视出版社 2017 年版，第 228—229 页。“两本三片”即文学本、分镜头本、每日样片、对白双片、混录双片。“三查一验”即查设计和施工图、查摄影用地盘图、查布景轮廓，最后由导演、制片主任、摄影、美工、置景和生产办公室共同验收。

意见（草案）》,《文艺研究》1979 年第 1 期）后来，人们能在全国各城市的电影院和工人文化宫大厅里，看到悬挂着 22 位电影演员的大幅照片（史称“二十二大明星”），很大程度上也是在“舍饭寺会议”的影响下产生的。诸多改革虽表现不同，但方向都是借放权、酬金制等手段激发生产者的积极性。但在复杂的历史条件下，无论是对市场遗产的利用，还是对市场经验的借鉴，都很难以相对一致的方式长期稳定地推行下去。

第二节　十八大以前，市场在文艺生产资源的配置中发挥作用的进程

文艺界拨乱反正后，各级文教机构也开始恢复生产，恢复的生产机制依旧是与此前的计划经济相适应的文艺生产机制。但实事求是地说，新时期商品经济和民主政治的发展使整个社会的思想文化状态发生了变化。计划经济时代的生产机制非但不能适应新形势，其潜隐或曾经被其优势的光芒掩盖的弊端也逐渐凸显：以前方便“集中力量办大事”的“统一配置”在此时突出表现为“统得过死”“管得过严”；以前便于意志自上而下传导的各级文艺机构在此时突出表现为“布局欠妥”“机构臃肿”；以前提供安稳工作环境的干部机制在此时成为“大锅饭”“平均主义”等问题的温床。

然而更重要的是，一方面，这一与行政机关运作方式同构的生产机制，在实际运作中产生了“下”只需对“上”负责的机关化、官僚化作风；另一方面，“干部”机制将文艺生产者“养”起来，各种“采风”机制又很难拉近文艺工作者安逸的日常与丰富的、剧烈变化的社会生活间的距离。这让该时期众多文艺创作不再能很好地反映社会、服务群众，有玩笑称当时的文艺生产，“政府是投资主体，领导是基本观众，评奖是主要目的，仓库是最终归宿”，换言之，产品在社会主义文艺“工厂”内完成了从生产到消费的闭环，能正式“出厂”服务人民群众的产品比较有限。

当传统机制不再能有效发挥作用，市场机制的优势便逐渐凸显出来。简言之，市场机制通过价格杠杆和竞争机制，一是更擅长把资源配置到效益更好的地方；二是更能给生产主体以压力和动力，实现优胜劣汰；三是对各种经济信号反应比较灵敏，更能促进供需及时协调。就这样，在中国共产党的领导下，在文艺生产资源的配置中，我们开始了“解放思想，实事求是”、坚持和发展中国特色社会主义的探索；在自上而下的逐步推动和自下而上的热烈响应下，开始了社会主义国家宏观调控下市场在文艺生产资源配置中逐渐发挥作用的进程。纵观该进程，是时代大趋势下国家治理方式、经济生产方式、文艺创作方式、社会生活方式等众多领域变革发展的统一，梳理该进程中不同领域的发展和相互影响，已经远超本书的论述范围，以下仅讨论与本书主题密切相关的几个进程。

一、文艺的商品属性逐渐被人接受的进程

从承认文化市场到繁荣文化市场，从提出文化产业到提出文化产业作为支柱产业，是文艺的商业属性逐渐被认可的过程。

1979 年，邓小平在第四次文代会上的祝词提出，“发展高尚的丰富多彩的文化生活”“满足人民精神生活多方面的需要”，将过去对文艺意识形态属性的单一认识拓展为多种功能。同年，广州出现了第一家音乐茶座。港台流行音乐、言情武侠等通俗文学、营业性舞厅、卡拉 OK 等大众文艺形态自发形成了被称作“第二空间”的民间文化市场，这些新鲜事物在构成普通市民文化生活的重要组成部分的同时，也倒逼有关部门进一步反思文化属性，创新生产经营方式。

图 1-3　20 世纪 80 年代，北京的一家单位举办舞会，年轻人愉快地跳着双人舞

图片来源：网络

1987 年，文化部等发布《关于改进舞会管理问题的通知》，正式认可文娱经营性活动。1988 年，文化部、国家工商行政管理局联合发布《关于加强文化市场管理工作的通知》，“文化市场”概念正式出现在官方文件中。1989 年，文化部设立文化市场管理局，开始建立全国性的文化市场管理体系。1993 年，第一次全国文化市场工作会议召开，文化市场的建设和管理问题首次进入政策视野。1994 年，“弘扬主旋律，提倡多样化”的方针提出，该方针既是对集体主义、爱国主义等“主旋律”的加强，也是对人民群众精神生活多方面、多层次需要的肯定。该时期，一系列文艺市场的相关法规政策颁布，一方面加强管理，助推由音像、电影、商演、娱乐场所等构成的文化市场步入有序发展轨道；另一方面推动繁荣，加速发展以公有制为主体、多种所有制经济共同发展的社会主义文化市场。

建设和管理文化市场的同时，是“文化产业”概念的提出和发展。该概念可追溯至 20 世纪 80 年代的“第三产业”。1992 年，中共中央、国务院发布《关于加快发展第三产业的决定》，“文化卫生事业”是其中加快发展的重点之一。1998 年，文化部设立“文化产业司”，这是政府部门第一次设立文化产业的专门管理机构。2001 年，“十五”计划提出“完善文化产业政策”，首次在政府文件中出现“文化产业”概念。此前在官方公开话语中，文化是一种事业，文艺是一种工作，对文化意识形态属性的高度重视一度挤压了其商品属性的表达和生长。文化产业的提出，意味着发展文化也有价值规律作用的空间，是对商品属性的肯定。2002 年，在文化产业和文化事业双轮驱动的布局下，在十六大报告中明确提出“完善文化产业政策，支持文化产业发展，增强我国文化产业的整体实力和竞争力”，我党对“文化产业”的重视提到和“文化事业”并行的高度。此后，从 2003 年文化部印发《关于支持和促进文化产业发展的若干意见》到 2009 年国务院常务会议审议通过《文化产业振兴规划》，把文化产业上升为国家战略产业，再到 2011 年“十二五”规划提出推动文化产业成为国民经济支柱产业，文化产业从最初潜隐发展的“灰色”产业到今天大力繁荣的“支柱”产业，文艺的商品属性逐渐被承认、逐渐被重视、逐渐获得繁荣发展的政策环境。

二、国有经营性企事业单位被推向市场的进程

从调整内部机制，推动文化事业单位从生产型朝生产经营型转变，到改革文化体制，推动经营性企事业单位市场化转轨、公司制改革，是国有文艺生产主体逐步被推向市场的过程。

伴随着经济、教育、科技等领域的改革，文化体制改革启动。在改革早期的 20 世纪 80 年代，各文艺行业还只是借鉴经济体制改革经验，推行以“承包经营责任制”为主要内容的改革，进行有偿服务和经营活动的探索，开展“以文补文，多业助文”“一主

三多一少”[①]等尝试。在南方谈话后的90年代，我国开始推进事业单位“企业化管理”的集团化改革，截至2002年年底，中国共有中国广电集团、中国出版集团等文化集团70多家。但实事求是地说，20世纪的改革基本上都限于以机制创新助推文化事业单位从生产型向生产经营型转变。当改革进入新世纪，开始的则是一条全面“重塑市场主体”的进程。其中最清晰的脉络，一是国有文化机构转企改制，二是文化市场向民营和外资开放准入门槛。

中共中央关于深化文化体制改革推动社会主义文化大发展大繁荣若干重大问题的决定

（2011年10月18日中国共产党第十七届中央委员会第六次全体会议通过）

中国共产党第十七届中央委员会第六次全体会议全面分析形势和任务，认为总结我国文化改革发展的丰富实践和宝贵经验，研究部署深化文化体制改革、推动社会主义文化大发展大繁荣，进一步兴起社会主义文化建设新高潮，对夺取全面建设小康社会新胜利、开创中国特色社会主义事业新局面、实现中华民族伟大复兴具有重大而深远的意义。全会作出如下决定。

一、充分认识推进文化改革发展的重要性和紧迫性，更加自觉、更加主动地推动社会主义文化大发展大繁荣

文化是民族的血脉，是人民的精神家园。在我国五千多年文明发展历程中，各族人民紧密团结、自强不息，共同创造出源远流长、博大精深的中华文化，为中华民族发展壮大提供了强大精神力量，为人类文明进步作出了不可磨灭的重大贡献。

中国共产党从成立之日起，就既是中华优秀传统文化的忠实传承者和弘扬者，又是中国先进文化的积极倡导者和发展者。我们党历来高度重视运用文化引领前进方向、凝聚奋斗力量，团结带领全国各族人民不断以思想文化新觉醒、理论创造新成果、文化建设新成就推动党和人民事业向前发展，文化工作在革命、建设、改革各个历史时期都发挥了不可替代的重大作用。

图1-4　《党的建设》2011年第11期刊载的《中共中央关于深化文化体制改革推动社会主义文化大发展大繁荣若干重大问题的决定》

① 1987年，文化部、财政部、国家工商行政管理局发布《关于文化事业单位开展有偿服务和经营活动的暂行办法》，允许文化事业单位把有偿服务和无偿服务结合起来，以解决文化建设资金不足的问题，这一尝试被称作“以文补文，多业助文”。“一主三多一少”即以新华书店为主体，多种经济成分、多条流通渠道、多种购销形式，少流转环节的改革方案。

2001年，文化部制定了《文化产业发展第十个五年计划纲要》《文化事业发展第十个五年计划纲要》，官方在理论上廓清了文化事业和文化产业两条不同的发展道路，对公益性的文化事业和经营性的文化产业实施不同的发展策略，同时也确定了以市场化为导向的文化体制改革方向。2002年，十六大报告中，首次在党的大会报告中将文化分成文化事业和文化产业，公益性和经营性“双轮驱动”的发展道路更加明确。2003年6月，全国文化体制改革试点工作会议召开；会后中办、国办转发《中共中央宣传部、文化部、广电总局、新闻出版总署关于文化体制改革试点工作的意见》，启动文化体制改革试点工作，北京、上海等9个地区，中国儿童艺术剧院等35家机构参加了改革试点工作。2005年，中共中央、国务院发布《关于深化文化体制改革的若干意见》。2006年，全国文化体制改革工作会议召开；会后经中央批准，在全国29个省区市确定了108个试点地区。2011年，十七届六中全会通过《中共中央关于深化文化体制改革 推动社会主义文化大发展大繁荣若干重大问题的决定》，首次以中央全会的规格部署文化体制改革，明确提出了包括“深化国有文化单位改革”“健全现代文化市场体系”在内的改革总要求和总任务。此后，国有文化经营性事业单位转企全面铺开。截至2011年年底，已有近1200家国有文艺院团、570余家国有出版社、1600

多家报刊完成转企改制[①]，涌现出江苏凤凰出版传媒集团等一批总资产和总收入超过或接近百亿元的大型文化企业和企业集团。

三、民营市场主体越发壮大的进程

从作为国有生产经营主体之补充的“第二空间”，到能与国有单位同台竞争的民营企业，再到深度参与文艺生产全产业链的民营产业生态，是我国逐渐放开文艺生产经营门槛，民营企业越发壮大的过程。

图 1-5　20 世纪 80 年代的北京王府井新华书店　图片来源：“旧影阁”微信公众号

① 参见耿化敏、夏璐《改革开放 40 年的中国文化》，中共党史出版社 2018 年版，第 126 页。

在改革早期的 20 世纪 80 年代，非公有制文化市场只是公有制计划机制的补充（有些甚至带有“灰色”性质），构成了与传统机制相对的“第二空间”。例如，1981 年和 1982 年，国家出版事业管理局和文化部召开座谈会，会议决定改革出版、发行和印刷体制，发展由个体书店、书摊等构成的个体图书发行，构成与新华书店等国有发行机构这一传统渠道相对的“二渠道”。到 90 年代，民营企业已经开始能与国有发行机构同台竞争。1998 年，非公有制单位所办文化产业机构的数量是国有单位所办数量的 2.7 倍，从业人员为 1.5 倍，所创增加值为 1.5 倍，充分显示了民营资本在繁荣文化市场中的重要地位。[①] 进入新世纪，非公有制文化企业迅猛发展，尤其在 2002 年十六大召开之后，文化事业和文化产业“双轮驱动”发展战略更加明确，有关部门密集出台了一系列文化产业促进政策，其中，鼓励引导各种非公有制文化企业健康发展是贯穿始终的要求和任务。

以电影产业为例，2001 年，国务院出台新一版《电影管理条例》，第四十一条规定允许“社会组织以及个人投资建设、改造电影院”“允许以中外合资或者中外合作的方式建设、改造电影院”等；2003 年 9 月，国家广播电影电视总局在同一天发布了《电影制片、发行、放映经营资格准入暂行规定》等 3 个规定；

① 参见耿化敏、夏璐《改革开放 40 年的中国文化》，中共党史出版社 2018 年版，第 87 页。

图 1-6　20 世纪 80 年代的街头书摊　图片来源："历史人文影像阁"百家号

2004 年，国家广播电影电视总局颁布了包括《关于加快电影产业发展的若干意见》在内的 9 项文件。一系列文件让民营企业获得了参与电影制作、发行、上映全产业链的合法身份。众多简政放权措施进一步为民营市场主体提供了利好的政策环境。该时期，华谊兄弟从广告业务起家涉足电影，保利博纳从发行上溯投资制作，新画面围绕"张艺谋"电影品牌发展壮大，光线传媒则从下游发力影视行业全产业链布局，一系列民营电影企业纷纷崛起，形成了各具特色的融"投、制、发、放、演"于一体的产业链闭环。

四、大众文化逐渐被认可接受的进程

从与传统生产机制对立、对话到融合，从兴起时的难登大雅之堂到成熟后的主流蜕变，是大众文艺的形态、产品、人才和价值逐渐被主流文化认可的过程，也是新兴文艺生产机制与传统文艺生产机制对话和互动的过程。

20 世纪 80 年代，大众文化急速复归，个体租书摊、录像放映厅、营业性歌舞厅、游戏厅等文化娱乐场所最先在东南沿海城市活跃起来，逐步向内陆扩散；武侠言情等通俗小说、港台流行音乐、香港电影逐渐走入老百姓的日常生活，尤其被年轻人喜爱。

图 1-7　20 世纪 90 年代的街头录像厅　图片来源：“视觉志”微信公众号

图 1-8　小说《吕梁英雄传》封面

但最初的大众文化作为新兴市场的产物，即使没有被当作“黄色××”质疑，也一度难登大雅之堂。大众文化被主流文化、严肃艺术认可，需要经历一个过程，其中尤为突出的就是计划与市场两种文艺生产机制的碰撞和对话。

以大众文学为例，1987 年，经中宣部批准，中国大众文学学会成立，由《吕梁英雄传》的作者马烽担任第一届主席，大众文学在传统文学的生产机制的核心开始有了组织基础。1990 年，首届中国大众文学的颁奖大会在人民大会堂举行，党和国家领导人莅临，成为大众文学进入主流文化的标志性事件。90年代，王蒙、铁凝、张抗抗等严肃文学作家加盟“布老虎丛书”，该丛书由春风文艺出版社按照畅销书的模式开展专题策划和市场营销，分别在该丛书下推出了带有惊险小说“幌子”的《暗杀——3322》(1994)、有关市长夫人生活秘史的《无雨之城》(1994)和琼瑶式的爱情小说《情爱画廊》(1996)等。如果早期还只是部分个体作家从传统文学体制探头，试水畅销书生产，那么在90年代末的市场化大潮中，在计划机制中孕育发展的老牌文学期刊则纷纷改制改版。比如，1996年，《萌芽》向“反映都市青春风貌”的校园杂志转型，后来又成功推出了商业化运作的“新概念作文大赛”，正是从这个大赛中，走出了韩寒等一批至今都受市场青睐的新生代作家。1998年，《北京文学》提出“从一流的《北京文学》到好看的《北京文学》”的口号，“好看”作为市场化产品的首要评价标准，正式获得了严肃文学生产主体的公开承认。①

虽然纸质的通俗文学生产及其产品形态逐渐获得主流文化承认，但成熟的畅销书生产机制始终没能在我国建立起来。直到世纪之交，网络文学作为新媒介时代的新兴通俗文学形态崭露头角，

① 参见邵燕君《倾斜的文学场——当代文学生产机制的市场化转型》第一章“期刊‘改版潮’的发生与发表原则的转变”、第二章“出版体制的转轨及畅销书生产模式的建立”，江苏人民出版社2003年版。

图 1-9 《首届全国新概念作文大赛获奖作品选》封面

也承接了本土畅销书生产的功能。在野生成长的前十几年，网络文学发明了能够“养活”其生产者的“微利模式”和版权产业，孕育了盛大文学、晋江文学城等成功的商业平台，培养了唐家三少、猫腻等一批备受粉丝认可的白金作家，生产了以《第一次亲密接触》《悟空传》《琅琊榜》《杜拉拉升职记》等为代表的一批畅销作品，形成了穿越、盗墓、种田、纯爱等一批新兴大众文学类型。尽管有很好的群众基础和市场业绩，网络文学及其所依托的生产机制却迟迟没有被官方认可，该时期主流文化对网络文学的动作仅限于一系列评价、评论和研究活动[①]，真正全面开启主流化进程，还要等到十八大之后。

第三节 十八大以来，继续推进市场在文艺生产资源的配置中发挥作用的进程

十八届三中全会通过《中共中央关于全面深化改革若干重大问题的决定》，指出经济体制改革是全面深化改革的重点，核心问题是处理好政府与市场的关系，使市场在资源配置中起决定性作用和更好地发挥政府的作用。[②]2020 年 7 月，在企业家座谈会上，习近平总书记对市场主体的作用进行了充分肯定，“市场主体是我国经济活动的主要参与者、就业机会的主要提供者、技术进步的主要推动者，在国家发展中发挥着十分重要的作用”“保市

① 1997 年成立的华语文学门户“榕树下”曾先后多次举行网络文学大赛，余华、苏童、王安忆、李敬泽等严肃文学界的名家都曾出任评委，扩大了网络文学的影响力。又如，自 2004 年，以欧阳友权的《网络文学本体论》为代表的一批学院派网络文学研究著作开始问世；2011 年，广东省作家协会创办了第一家网络文学院、于 2017 年创办了《网络文学评论》期刊等。

② 参见《中共中央关于全面深化改革若干重大问题的决定》，https：//www.gov.cn/zhengce/2013-11/15/content_5407874.htm。

场主体就是保社会生产力”“要千方百计把市场主体保护好，为经济发展积蓄基本力量”[①]。在这样的整体背景下，上述四个发展进程进一步深化。

一、文艺的商品属性获得更充分肯定，文化产业发展更强调质量而非数量

尤其随着“文化 +”深入，“文化 + 科技”结合更加紧密，文化产业已逐步融入国民经济大系统，成为新常态下经济发展的新动力。在《国家创新驱动发展战略纲要》《国家文化科技创新工程纲要》等纲领性文件的指导下，在《中共中央 国务院关于深化体制机制改革 加快实施创新驱动发展战略的若干意见》《国务院关于大力推进大众创业万众创新若干政策措施的意见》《国务院关于积极推进“互联网 +”行动的指导意见》《国务院关于推进文化创意和设计服务与相关产业融合发展的若干意见》《关于推动文化文物单位文化创意产品开发的若干意见》《文化部关于推动数字文化产业创新发展的指导意见》等政策的引领下，一方面文化深入工业生产各领域、融入信息科技新业态，文化产业开始大踏步跨界融合；另一方面，文创成为大众创业的重要领域，文化产品

① 《习近平主持召开企业家座谈会强调 激发市场主体活力弘扬企业家精神 推动企业发挥更大作用实现更大发展》，《人民日报》2020 年 7 月 22 日。

也进一步深入百姓日常生活。文化产业正逐步构成当下以创意和科技为驱动的新产业生态之重要组成部分。

二、国有文化企事业单位深化改革全面铺开，公司制改革全面落实

伴随着全面深化改革的脚步，文化体制改革全面推进，在《深化文化体制改革实施方案》《国家“十三五”时期文化发展改革规划纲要》等顶层设计中有关指导意见的推动下，截至2018年，中央文化企业及各级子企业公司制改制面已达到70%以上；2018年年初，财政部、中共中央宣传部印发《中央文化企业公司制改制工作实施方案》的通知，要求2018年年底前国有文化企业全部改为有限责任公司。

三、民营文化企业乘势发展，在某些新兴领域重塑产业生态

2018年11月，习近平总书记主持召开民营企业座谈会，会议前后出台了一系列旨在放开经营领域、畅通融资渠道、健全完善法律保障体系、规范管理市场的政策，为民营企业的发展提供了有利的外部环境。该时期的民营企业一是乘着“大众创业万众创新”的时代趋势壮大发展，专、精、特、新的小微文

化企业铺天盖地；二是乘着“互联网 +”的时代趋势飞速发展。以网络文艺为例，民营企业充分发挥灵活优势，构成了网络文艺新业态之主力军，改变了传统文化产业的格局。例如，2014 年以来，BAT 等互联网巨头、美团等电商民营企业大举进军传统影视业，网络众筹的新融资、IP 开发的新模式、网络发行的新平台、电商票务的新渠道、社群营销的新手段、网友点评的新评价等电影产业的各环节都有民营企业深度介入，全面重塑了电影从投资到放映的各环节，形成了“互联网 + 影视”新格局。①

四、大众文艺繁荣发展，越发被主流文化接受认可

该时期，最明显的变化是大众文化和互联网结合，形成了以网络文学、网络直播、网络剧、网络游戏、短视频为代表的新兴网络文娱形态。2015 年,《中共中央关于繁荣发展社会主义文艺的意见》发布，提出“大力发展网络文艺”，网络文艺全面进入官方视野，逐渐步入有序发展轨道，同时也越发被主流文化承认和认可。

以网络文学为例，该时期较显著的变化，一是在全国作协系统有了网络文学的相关组织，以中国作家协会成立网络文学委员

① 参见靳斌《重构与融合：电影产业新格局》，知识产权出版社 2016 年版。

会、网络文学中心为代表；二是在学科建制上有了一定发展，以首个“网络文学”“网络文学编辑与写作”本科专业成立、《网络文学创作原理》等教材出版为代表；三是在评价标准上有了更权威的体系，以国家新闻出版广电总局开展网络文学年度推优活动、中国作家协会推出“中国网络小说排行榜”为代表；四是在“文化出海”上越发成为主力军，以网络文学用数字出版形式进入国家订单集中出口为代表。

第二章

市场配置文艺生产资源的突出成绩

改革开放以来，在自上而下的推动和自下而上的需求的通力作用下，市场在文艺生产资源的配置中开始逐渐发挥作用。文化产业构成我国国民经济新亮点，对就业拉动效果越发明显；一大批文化骨干企业朝集约化、规模化、专业化方向发展，成为建设文化强国的重要力量；一系列优秀的大众文艺作品先后从市场中生长出来，丰富了人民群众日益增长的精神文化需要，也越发承担起“中国文化走出去”的重要使命。与此同时，市场机制与主流文艺生产机制不断对话、融合，诞生了以现实主义网络文学等为代表的一批跨界类型，主流文艺和通俗文艺的生产方式在相互借鉴、取长补短中不断创新和更新，向着更健康、更适应时代的方向发展。

第一节　在产业格局上，文化产业构成我国国民经济新亮点

改革开放以来，我国国民经济持续高速发展。社会心理从封

闭向开放、从单一到多元转变，文化需求数量越发增加、质量不断提高。国有文化企事业单位深化改革，文化市场准入门槛逐步放低，文化产业规模不断扩大。特别是党的十八大以来，文化产业越发以科技和创意为驱动，呈现新的发展面貌和格局，正稳步向国民经济支柱性产业迈进。

庆祝纪念改革开放 40 周年期间，国家统计局以数据的方式呈现了改革开放 40 年经济社会发展的成就。我们不妨以此为节点，呈现文化产业在我国国民经济中的贡献。① 经初步测算，在 GDP 总量上，2017 年，我国文化产业实现增加值 35462 亿元，比文化体制改革全面开始的 2004 年增长 9.3 倍；2005—2017 年年均增长 19.7%，比同期 GDP 现价年均增速高 6.3 个百分点。整体上来看，文化产业增加值占 GDP 的比重由 2004 年的 2.15% 提高到 2017 年的 4.29%，增加了 2.14 个百分点，占比逐年提高，对 GDP 增量的贡献年平均达到 4.7%。文化产业呈现出快速增长的态势，已成为中国经济发展的重要引擎。②

在 GDP 结构上，从产业类型上看，2016 年，文化服务业实现增加值 16024 亿元，占文化产业增加值的比重为 52.1%。相比

---

① 之所以使用国家统计局纪念改革开放 40 周年时公布的数据，是因为这些数据一般有改革开放初到现在的历史比较。之所以没有使用近年来的数据，是因为近三年文化产业深受疫情影响，数据不具有代表性。

② 本部分数据在未特定标示情况下，皆出自国家统计局社科文司《文化事业建设不断加强　文化产业发展成绩显著——改革开放 40 年经济社会发展成就系列报告之十七》，2018 年 9 月 13 日，国家统计局官网。

文化制造业、文化批发和零售业，文化服务业增长更快，已成为文化产业繁荣发展的重要推动力。[①] 从行业类别上看，在 10 个文化行业类型中，文化信息传输服务业势头正猛，2016 年实现增加值 3687 亿元，占文化产业增加值的比重为 12.0%。文化创意和设计服务业也继续表现突出，2016 年实现增加值 5843 亿元，占比重为 19.0%。文化产业相较其他产业，具有资源消耗低、环境污染少、技术含量高的突出优势，作为以创意和科技为核心驱动的现代产业形态，文化产业是低碳环保绿色经济的典型代表，是进一步助力我国国民经济转型升级、提质增效的重要支撑。

另外，文化产业对促进就业也意义重大。截至 2016 年年底，我国文化产业法人单位共创造 2178 万个就业岗位，占全社会就业岗位的比重为 2.8%。其中，文化服务业吸纳就业能力最强。2016 年，文化服务业吸纳劳动力 1143 万人，占全部文化产业就业人口的比重为 52.5%。文化产业类型多，产业链条长，相比大多数产业，吸纳就业的容量更大，就业形式也更灵活多样，对促进就业、维护社会稳定具有重要意义。

最后，文化产业对国际贸易的贡献不可忽视。以 2017 年为例，我国文化产品进出口总额达 971 亿美元，比 2006 年增加

---

① 文化制造业增加值 11889 亿元，比 2013 年增长 26.2%，年均增长 8.1%，占比为 38.6%。文化批发和零售业增加值 2872 亿元，比 2013 年增长 33.9%，年均增长 10.2%，占比为 9.3%。

869亿美元，增长8.5倍，占全国货物进出口总额的2.4%，比2006年提高1.8个百分点；文化产品贸易顺差达793亿美元，比2006年增加702亿美元，增长7.7倍。但值得注意的是，文化用品（文具、乐器、玩具、游艺器材及娱乐用品）和文化专用设备出口占据了我国文化产品出口的绝大部分。而内容生产方面，如图书、报纸、期刊、音像制品、电子出版物相对较少。可见，我国的文化产品进出口贸易以制造业为主，文艺作品创作、生产的出口状况较为落后，文化内容生产在世界范围内的市场占有率和认可度较低，存在很大的上升空间。

第二节 在产品数量和服务范围上，产量更大、服务范围更广

改革开放放宽了市场，刺激了需求。伴随着物质生活水平的提高和消费文化的形成，我国居民文化消费需求持续发展，形成了多元化、多层次的消费格局。1996—2016年这20年间，全国居民文教消费总量由2491.53亿元增至27013.59亿元，20年几

乎增加了 10 倍。[①] 到 2019 年，我国人均文化娱乐消费支出已达 848.6 元，在国民消费支出中占 3.9%，其中城镇居民文娱消费占比是农村的 2 倍多（4.6% ：2.2%）；排名前三的地区人均文娱支出总量是后三位的近 6 倍，前五位是后五位的 4 倍多。[②] 虽然存在着地区和城乡间的不平衡，但消费市场开始出现朝三、四线城市和广大乡镇下沉的趋势，相比城镇，农村居民文娱消费支出增长速度更快，国内文化娱乐市场的消费潜力进一步被调动起来。以下从图书出版、展览展演、影视艺术、网络文艺四个领域分述之。[③]

在图书出版方面。2019 年，全国出版物分为图书、期刊、报纸、音像制品和电子出版物，合计 450.70 亿册（份、盒、张）。全国出版报纸、音像制品、电子出版物分别为 1851 种、10712 种、9070 种。出版新版图书 22.5 万种，82 种一般图书和 31

① 参见王亚南主编《中国文化产业供需协调检测报告（2018）》，社会科学文献出版社 2018 年版，第 3—4 页。

② 人均文娱支出排名前五位的地区为：上海 2898 元、北京 2272 元、天津 1579 元、浙江 1367 元、广东 1216 元，排名后五位的地区为：西藏 200 元、甘肃 470 元、新疆 481 元、贵州 484 元、广西 495 元。参见国家统计局社会科技和文化产业统计司、中宣部文化体制改革和发展办公室编《中国文化及相关产业统计年鉴 2020》，中国统计出版社 2020 年版，第 37—41 页。

③ 2020—2022 年，图书出版、展览展演、影视艺术受到疫情影响，在这里统一使用 2019 年的数据。

种文学、少儿原创图书年度印数达到或超过100万册。[①]2019年，我国成年人包括书、报刊和数字出版物在内的综合阅读率为81.1%；纸质图书阅读率为59.3%，纸质图书、电子图书、纸质报纸、纸质期刊人均阅读量分别为4.65本、2.84本、16.33份和2.33期。[②]成年人人均每天读书时长为19.69分钟，12.1%的国民平均每天阅读图书1小时以上。

在展览展演方面。2019年，博物馆共有基本展陈2.9万个，观展人次达11.2亿；艺术院团国内演出场次为297万场，观众12.3亿人次。[③]尤其是近年来，各种“网红”展览展演一度成为中产阶级的消费时尚。但观展观演对消费者教育水平、文化素养、消费能力、城市基础设施建设都有较高要求，因此目前大多集中于一、二线城市中产及以上人群，近期很难普惠中小城市和农村。[④]相比之下，影视消费更受中小城市居民欢迎。

---

① 参见国家新闻出版署《2019年新闻出版产业分析报告》(摘要)，https://www.nppa.gov.cn/xxgk/fdzdgknr/tjxx/202305/P020230530662727019319.pdf。

② 数据参考中国新闻出版研究院发布的第十七次全国国民阅读调查结果，参见国家图书馆研究院《第十七次全国国民阅读调查结果发布》，《国家图书馆学刊》2020年第3期。

③ 参见国家统计局社会科技和文化产业统计司、中宣部文化体制改革和发展办公室编《中国文化及相关产业统计年鉴2020》，中国统计出版社2020年版，第126—147页。

④ 参见国家统计局社会科技和文化产业统计司、中宣部文化体制改革和发展办公室编《中国文化及相关产业统计年鉴2020》，中国统计出版社2020年版，第126—147页；刘汉文、陆佳佳《2019年中国电影产业发展分析报告》，《当代电影》2020年第2期。

在影视艺术方面。1977 年，全国共有故事片厂 7 家，从业人数不到 1 万人，年产故事片 21 部。2019 年，我国年产故事片 850 部，动画电影 51 部、科教电影 74 部、纪录电影 47 部，特种电影 15 部，共计 1037 部。[①]2019 年，国内院线观影人次新增 1100 万人次，达 17.27 亿人次，是全球观影人次第二高国家（第一、第三分别是印度和美国）；同时新增银幕近 1 万块，以近 7 万块银幕成为全球银幕数量最多的国家。新增银幕和线上电影购票大多来自三、四、五线城市，且这些城市票房占比也从 2012 年的 28.2% 增长至 2019 年的 41.2%。[②]“小镇青年”成为中国电影消费新主力的说法一度风靡。“看电影”正成为中小城市文娱生活的重要组成部分。

1978 年，全国共有广播电台 100 座，电视中心台 32 座。[③] 2019 年年底，全国广播综合人口覆盖率 99.13%，电视综合人口覆盖率 99.39%，广播电视覆盖率居世界前列。全国广播电视从业人员 99.44 万人，广播节目制作时间 801.87 万小时，播出时间 1553.40 万小时，电视节目制作时间 345.58 万小时，播出时间 1950.99 万小时。2019 年，全国制作发行电视剧 254 部、

① 参见刘汉文、陆佳佳《2019 年中国电影产业发展分析报告》，《当代电影》2020 年第 2 期。

② 参见卢斌等主编《全球电影产业发展报告（2019）》，社会科学文献出版社 2019 年版；《2019 春节档数据洞察》，“猫眼研究院”微信公众号，2019 年 2 月 12 日。

③ 参见《改革开放四十年，中国广播电视发展情况统计（1978—2018）》，“广电猎酷”微信公众号，2018 年 12 月 18 日。

1.06 万集，影视剧类电视节目制作时间 12.03 万小时。全国电视剧播出 21.11 万部，影视剧类电视节目播出时间 848.45 万小时。[①]

在网络文艺方面。网络文学、短视频日益成为中小城市和乡村居民的主要文娱消费形式。截至 2020 年 6 月，我国网民 9.4 亿人，互联网普及率达 67.0%，其中手机网民 9.31 亿人，占比 99.2%。[②]46.5% 的网民是网络文学用户，约有 4.65 亿读者和 2000 万作者。与传统文学相比，网络文学本就更大众化。近年来，随着字节跳动等互联网公司入局，新兴的“免费阅读”[③]模式进一步加剧了网文产业下沉，目前，免费网文 App 用户已达 1.44 亿人（占网文总用户的近三分之一），并仍在高速增长。另外，2020 年，网络视听用户突破 9 亿人，网民使用率 95.8%，其中 87% 的网民使用短视频，77.1% 的网民使用长视频，29.3% 的网民使用网络音频；用户分别达 8.2 亿人、7.2 亿人、2.7 亿人；人均单日使用时长分别为 110 分钟、96 分钟、67 分钟，其

---

① 参见《2019 年全国广播电视行业统计公报》，http：//www.nrta.gov.cn/art/2020/7/8/art_113_52026.html。

② 参见中国互联网络信息中心《第 46 次〈中国互联网络发展状况统计报告〉》，2020 年 9 月。

③ 2003 年，起点中文网创立以“微利模式”为中心的付费阅读系统，一直以来，付费阅读都是网文商业模式的主流。但近年来，新入局网文产业的字节跳动等公司，把在原有内容产业十分成熟的“免费模式”移植到网络文学，由此产生了网络文学的“免费阅读”模式。免费阅读模式主要通过为读者提供免费内容来获取相应流量，再通过信息流广告、展示广告等形式进行商业变现。

中短视频使用时长在 2020 年首次超过即时通信使用时长（101 分钟），成为最“杀”时间的应用。从人口结构看，长视频和网络音频使用率较高的用户集中在高学历、一二线城市人口（长视频多为“90 后”，网络音频多为“80 后”），短视频则更加下沉，使用率较高的用户集中在“80 后”、中低学历人群，且城乡人口结构基本与网络用户结构相同，没有向一、二线城市倾斜。2020 年，有近六分之一的新网民接触网络都是为了看短视频，“刷短视频”不仅是其上网的重要动力，也几乎是此类人群主要甚至唯一的文娱形式。短视频已成为目前我国最下沉的文娱消费品类。[①]

2020 年，国内游戏市场用户达 6.65 亿人，收入约 2800 亿元。其中，手机游戏遥遥领先于端游、页游、主机游戏，用户达 6.54 亿人（用户覆盖率 98%），收入约 2100 亿元（占比 75%）。[②] 同时，中国电子竞技游戏市场用户达 4.9 亿人，19—22 岁人群占比 39.7%，18 岁及以下占比一成。[③] 游戏用户与上述网文、短视频用户相比有两大特征，一是用户更低龄。我国九成未成年人上

① 参见中国网络视听节目服务协会《2020 中国网络视听发展研究报告》，http：//www.china.com.cn/aboutus/2020-10/13/content_76801067.htm。

② 参见中国音数协游戏工委、中国游戏产业研究院《2020 年中国游戏产业报告》，http：//www.nppa.gov.cn/nppa/contents/280/75438.shtml。

③ 参见智研咨询《2021—2027 年中国电竞游戏行业市场运营格局及前景战略分析报告》，https：//www.chyxx.com/industry/202103/934206.html。

网，超过六成的未成年网民经常玩游戏。[①] 二是用户使用时间更长。虽然很少有玩家游戏时长的可靠数据，但有关部门必须通过硬性规定，才能将玩家日在线时间降至非节假日的 90 分钟和节假日的 180 分钟。[②] 相比之下，以“杀”时间著称的短视频在不设限的情况下，日均用户使用时长为 110 分钟，而国民纸质书阅读在多年鼓励下日均时长则刚超过 20 分钟，游戏在国民文娱消费时间中的占比不言而喻。

通过以上梳理可知，国民各种形式的阅读 / 观赏率并不低，但内容在整体上呈现出“短、小、轻、薄”的特征。公民文娱消费“缺不缺、够不够”的问题在总体上得到解决，“好不好、精不精”的问题日益凸显。

第三节　在市场主体上，龙头企业数量逐年增加、规模持续扩大

改革开放以来，我国的文化市场主体不断壮大，企业规模持

① 参见共青团中央维护青少年权益部、中国互联网络信息中心《2020 年全国未成年人互联网使用情况研究报告》，http：//www.199it.com/archives/1286834.html。

② 参见国家新闻出版署《关于防止未成年人沉迷网络游戏的通知》“二”。

续扩大，规模化、集约化、专业化水平进一步提高，从中走出了一批“文化骨干企业”[①]，有力支撑我国文化产业发展。以 2016 年为例，数量仅占全部文化产业法人单位的 4.2% 的文化骨干企业，实现增加值 20406 亿元，占文化产业增加值的比重高达 66.3%，换言之，占比约 1/24 的头部文化企业对产业整体增加值的贡献高达 2/3。从 2008 年开始，我国开始组织评选“全国文化企业 30 强”[②]，从该活动中，“文化骨干企业”的发展可见一斑。我国文化市场主体经过改革开放以来 40 余年的发展，已经在文化艺术、广播影视、出版发行、文化科技等各领域，在创作生产、传播渠道、投资运营、综合经营各环节，涌现出一批能够领航产业发展的龙头企业。2023 年评选的“30 强”企业，其 2021 年度合计主营业务收入 5288 亿元、净资产 7170 亿元、净利润 466 亿元，主营业务收入和净资产均创历史新高，净资产首次突破 7000 亿元大关，尤其是盈利能力明显提高。[③]

---

① 文化骨干企业指规模以上文化制造业企业、限额以上文化批发零售业企业和规模以上文化服务业企业的总称，具体包括：年主营业务收入在 2000 万元及以上的文化制造业企业；年主营业务收入在 2000 万元及以上的文化批发企业或年主营业务收入在 500 万元及以上的文化零售企业；从业人数在 50 人及以上或年营业收入在 1000 万元及以上的文化服务业企业（其中文化和娱乐业的年营业收入在 500 万元及以上）。

② 为鼓励文化企业深化改革、加快发展，“全国文化企业 30 强”由光明日报社和经济日报社自 2008 年开始发布，已经成为在文化产业颇具影响力的推优活动。

③ 参见《第十四届“全国文化企业 30 强”发布》，《人民日报（海外版）》2022 年 12 月 29 日。

光明日报 2008年2月5日 星期二

2版 文化教育理论新闻

央视春晚送"春暖" 明星联手抗"冰雪"

"咱们村的年轻人"办"村晚"

"首届全国文化企业30强"推荐名单

一、文化艺术类
1.中国对外文化集团公司
2.保利文化艺术有限公司
3.桂林广维文华旅游文化产业有限公司
4.江苏演艺集团有限公司
5.上海时空之旅文化发展有限公司
6.北京儿童艺术剧院股份有限公司
7.辽宁民间艺术团有限公司
8.云南丽江市丽水金沙演艺有限公司
9.天创国际演艺制作交流有限公司
10.云南映象文化产业发展有限公司
二、广播影视类
1.中国国际电视总公司
2.广东南方国际传媒控股有限公司
3.上海东方明珠(集团)股份有限公司
4.北京歌华有线电视网络股份有限公司
5.中国电影集团公司
6.上海电影(集团)公司
7.湖南电广传媒股份有限公司
8.中视传媒股份有限公司
9.广西广播电视信息网络股份有限公司
10.陕西省广播电视信息网络股份有限公司
三、出版发行类
1.江苏凤凰出版传媒集团有限公司
2.浙江出版联合集团有限公司
3.湖南出版投资控股集团有限公司
4.江西省出版集团公司
5.四川新华发行集团有限公司
6.安徽新华发行集团有限公司
7.中国出版集团公司
8.安徽出版集团有限责任公司
9.广东省出版集团有限公司
10.广东南方报业传媒集团有限公司
(新华社北京2月4日电)

中国人民大学教授常凯认为

企业应尽快转型适应《劳动合同法》

身份证可作国图阅览证

发扬"闯关东精神" 推进文化强省建设

山东二百万元重奖《闯关东》剧组

吉林电视剧：高扬文化品牌

北京宣武两大庙会迎佳节

图2-1 《光明日报》2008年2月5日第2版刊载的
《"首届全国文化企业30强"推荐名单》

“强”不只表现在经济效益突出，更重要的是企业能够对行业产生导向作用。从“30 强”系列名单上看，不仅在堪称老牌文化产业的出版发行业，汇聚了以中国出版集团、江苏凤凰出版传媒集团、浙江出版联合集团等为代表的一批出版“舰队”；从新兴的文化旅游产业中也孕育出了以华侨城集团有限公司、华强方特文化科技集团股份有限公司、宋城演艺发展股份有限公司等为代表的文旅大亨。不仅在内容生产领域，出现了以华谊兄弟传媒股份有限公司、浙江华策影视股份有限公司、芒果传媒有限公司等为代表的文娱领航企业；也在投资、发行和文化科技等各领域，催生了以北京市文化投资发展集团有限责任公司、北京歌华有线电视网络股份有限公司、华夏电影发行有限责任公司、科大讯飞股份有限公司为代表的行业翘楚。不仅在老牌“国家队”中，出现了以中国电影股份有限公司、中国国际电视总公司、中国华录集团有限公司等为代表的央企“航母”；在民营企业中，也汰选出以完美世界股份有限公司、光线传媒股份有限公司等为代表的民间“头雁”。

以北京博纳影业集团为例。1994 年，于冬从北京电影学院毕业，被分配到北京电影制片厂做发行工作。1999 年，他放弃编制，创立了中国最早的民营发行公司——北京博纳文化交流有限公司（博纳影业前身）。从 2001 年成为国内第一家拿到电影发行牌照的民企开始，博纳抢占先机，由发行而入制作，开始与香港导演合作、投资制作电影；2007 年，博纳拿到红杉资本等机构的投资，成为中国内地第一家成功和资本对接的民营电影

图 2-2、博纳影业集团出品的电影《智取威虎山》海报

公司；2010 年，又成为中国内地第一家在境外上市的影视公司。虽然坐拥众多“第一”，博纳影业却扭转不了美股的不信任。2015 年，博纳宣布从纳斯达克退市，专注国内市场发展。这些年来，博纳对中国电影史最大的贡献之一就是打造了一系列中国人自己的“主旋律大片”。从与陈可辛合作拍《十月围城》开始，博纳就试水用“新方式拍主旋律”。经过《智取威虎山》的验证，到《湄公河行动》《红海行动》《烈火英雄》《中国机长》等一系列“叫好又叫座”的主旋律大片陆续推出，再到《长津湖》以 57.75 亿元摘得中国电影票房冠军，博纳终于找到了主旋律革命历史大片和主旋律行业大片的内容定位，也亲身参与建构了新世纪以来电影产业化改革所孕育的国内电影市场与主流价值观间的共荣和共赢关系。[①]

第四节　从服务效能上看，文化多样发展，满足人民多样精神需求

相较计划机制，市场配置资源更能响应人民群众不断变化的实际需求，更能发挥灵活机动优势，将文艺生产从计划机制下的

---

① 参见牛梦笛、张进进《于冬：电影创作要抒写国家历史》，《光明日报》2020 年 9 月 1 日。

几个有限类型和少数重点工作中解放出来，其产品类型根据需求细分和市场定位更多样，产品风格根据流行趋势和大众品位也更多变。

以流行音乐生产为例。这些年来，堪称“现象级”的流行风尚就有过以邓丽君、王菲为代表的“东南风”，以《黄土高坡》《信天游》等为代表的“西北风”，以崔健、郑钧等为代表的摇滚音乐，以罗大佑、老狼等为代表的民谣音乐，以《潇洒走一回》等为代表的歌厅舞曲，以《铁血丹心》《渴望》等为代表的影视金曲，以小虎队、TFBOYS 等为代表演唱的青春偶像舞曲，以张学友、张信哲等为代表演唱的情歌，被综艺节目《超级女声》捧红的超女歌曲，以陶喆、周杰伦等为代表的华语 R&B，以李玉刚等为代表的中国风，以《大学自习室》《东北人都是活雷锋》等为代表的网络神曲，以《最炫民族风》《小苹果》等为代表的广场舞曲，以鹿晗等为代表的“日韩风”，因发展文化旅游获得生机的原生态音乐、因网络综艺节目《中国有嘻哈》流行开来的嘻哈音乐，被二次元文化群体推崇的古风音乐，在抖音传播走红的“抖音神曲”等。

图 2-3　邓丽君专辑《淡淡幽情》封面

图 2-4　崔健专辑封面

这些不同的流行音乐风尚与不同时代的文化开放程度、媒介发展程度有关，与不同时代人民群众的社会心理、文化风尚有关，与不同时期风靡的影视舞台作品有关，但贯穿始终的是对人多层次、多样情感的表达。曾经因时代局限，个体的复杂情感不具备充分表达的合法条件，《何日君再来》之类的注重情感表达的流行音乐，一度被当作有伤风化的“黄色音乐”，很难有所发展；在改革开放早期，由全国各地听众投票选出的 15 首“我最喜爱的歌”，几乎清一色是抒情歌曲，展现了人民群众的抒情需要和审美取向，却遭遇了“官选 12 首歌曲”的对抗。[①] 那么在市场经济条件下，当新的生产主体充分意识到人的多样情感需求，充分意识到“言之不足故嗟叹之，嗟叹之不足故咏歌之”的人类根本需求时，流行音乐就会充分发挥歌曲擅长“抒情”的优势，歌唱爱情、友情、亲情、乡情，表达时代、生活、社会、历史，

---

① 1979—1980 年，《歌曲》杂志联合中央人民广播电台等单位，发起“我最喜欢的歌”评选活动，以《妹妹找哥泪花流》《大海啊故乡》《军港之夜》《年轻的朋友来相会》等为代表的 15 首歌曲入选。这些歌曲抒情性突出，和此前倡导的群众革命歌曲大相径庭，中国音乐家协会以“导向问题”为由，又另外发起一场官方评选活动，由各地音协推荐，专家委员会评审，最终《中国，中国，鲜红的太阳永不落》等 12 首歌曲入选，在“官选 12 首歌曲”中，只有《再见吧，妈妈》一首与“民选 15 首歌曲”重合。中国音协还以组织教唱、举办歌咏比赛等各种方式推广“官选”作品，但事实证明，依旧没有“民选”流传得广泛。参见居其宏《新中国音乐史（1949—2000）》，湖南美术出版社 2002 年版，第 142 页。

创作了一系列口耳相传的流行音乐金曲。[①]

必须承认，市场生产的文艺产品虽在艺术性和思想性上，整体不及主流文艺和学院派的创作，但还是有相当一部分能从海量产品中被汰选出来，成为承载着时代记忆的“流行经典”；一些流行音乐的创作者在兼顾大众喜爱的同时，也能在创作中融入艺术和思想追求，成为市场经济时代的音乐品牌。每年的“华语原创音乐榜”“音乐风云榜”都会推出一批优秀的流行音乐作品和流行音乐创作者，其中不乏经得住时间考验的时代佳作和有着艺术

① 爱情主题的有《甜蜜蜜》《红豆》《花房姑娘》《吻别》《哭砂》《喜欢你》《忘情水》《女人花》《爱的代价》《爱如潮水》《爱你一万年》《当爱已成往事》等；梦想主题的有《超越梦想》《想唱就唱》《真心英雄》《星星点灯》《光辉岁月》《隐形的翅膀》《怒放的生命》《最初的梦想》《我的未来不是梦》《阳光总在风雨后》；故乡主题的有《小城故事》《故乡的云》《我的中国心》《黄土高坡》《青藏高原》《天堂》《天路》《弯弯的月亮》《山路十八弯》；亲情友情主题的有《我想有个家》《光阴的故事》《一生有你》《当你老了》《朋友别哭》《真的爱你》《最浪漫的事》《至少还有你》《但愿人长久》《时间都去哪儿了》《只要你过得比我好》；青春主题的有《童年》《一无所有》《同桌的你》《栀子花开》《被遗忘的时光》《少年壮志不言愁》《冬天里的一把火》《睡在我上铺的兄弟》；时代抒情主题的有《祝酒歌》《长江之歌》《中国人》《龙的传人》《相约 1997》《东方之珠》《七子之歌》《亚洲雄风》《同一首歌》《让世界充满爱》；其他主题的有《一剪梅》《千里之外》《青花瓷》《万物生》《春天里》《吉祥三宝》《祝你平安》《最炫民族风》《中国功夫》等。参见徐冰《中国进行曲——流行音乐四十年回眸》，上海音乐出版社 2018 年版。

追求的杰出人才。[①]

第五节 在创作上，出现了一批“叫好又叫座”的文艺精品力作

改革开放以来，随着文艺市场的繁荣，近年来我国国民的文化素养、欣赏水平、审美能力也逐步提升，文艺供给正在从“有没有、多不多”向“好不好、精不精”转变。虽然我们依旧存在着“有高原缺高峰”“有数量缺质量”的问题，但思想精深、艺术精湛、制作精良的优秀作品依旧频繁涌现。不妨随便举一些耳熟能详的案例，茅盾文学奖获奖作品《额尔古纳河右岸》两个月内加印 7 次，累计销量超过 60 万册。《觉醒年代》《山海情》等一批现象级作品，以年轻人能懂、爱看的方式，拓展了重大题材的讲述方式。国风成为“国潮”，与《国家宝藏》对传统韵味的时代表达不无关系。《永不消逝的电波》《只此青绿》一票难求，革命

---

① 以甲丁、郭峰、陈哲、李海鹰、陈小奇、陈洁明、杨湘粤、李广平、张海宁、解承强、黄小茂、何沐阳、牛朝阳、杨尘、张超、窦唯、方文山等为代表的创作者；以崔健、汪峰、小柯、郑钧、卢庚戌、李健、许巍、朴树、杨坤、萨顶顶、周云蓬为代表的创作型歌手；登上《时代》人物周刊的中国歌手王菲、张惠妹、李宇春；以刘德华、张学友、黎明、郭富城为代表的“四大天王”，以偶像形象占据市场的中国台湾歌手蔡依林，中国香港歌手谢霆锋、陈奕迅等。

文化和优秀传统文化在充满了科技感和时代感的舞台上，再次焕发生机。以下，我们将以“新主旋律”电影和“中国节日”系列节目为例，展现市场如何孕育文艺精品。它们不仅是一两部优秀作品的成功个案，更关系一个可以持续不断地产出精品力作的文艺现象。

图 2-5　电视剧《觉醒年代》剧照

图 2-6　舞蹈《只此青绿》舞台照

图 2-7 综艺节目《国家宝藏》

一、“新主旋律”电影：寻找主流价值和主流电影的交集

新世纪以来，《智取威虎山》《湄公河行动》《战狼Ⅱ》《红海行动》《烈火金刚》《我和我的祖国》《金刚川》《中国机长》《流浪地球》《流浪地球 2》《长津湖》《长津湖之水门桥》等一系列既承载了爱国主义、集体主义、英雄主义的主流价值观，同时又能为人民群众喜闻乐见、获得不俗票房成绩的“新主旋律”电影，构成了中国电影的一道风景线。

图 2-8 电影《流浪地球》海报

“新主旋律”电影是相对于“主旋律”电影而言的。“主旋律”最初是为了贯彻“弘扬主旋律，提倡多样化”的指导思想，在 20 世纪 90 年代的电影领域提出的一个口号。主旋律电影以“歌颂党、歌颂祖国、歌颂英雄模范”为题材导向，以“社会主义、集体主义、英雄主义”为主题导向，有着鲜明的教化功能。必须承认，主旋律电影也曾出现过《开国大典》《百团大战》《焦裕禄》《孔繁森》等群众喜闻乐见的优秀影片，但在 2002 年中国电影全面市场化改革后，却一度面临着来自商业电影的严峻挑战。与商业电影比起来，主旋律影片往往显得政治性有余而观赏性不足，背后的深层原因是主旋律电影与人民群众的需求难以实现真正共鸣和有效对接。整个电影界也在世纪之交，一度面临着“主旋律不主流，主流商业电影不主旋律”的困局。

正是在这样的背景下，力图调和“电影事业”和“电影产业”两个传统的新主旋律电影出现了。新主旋律电影寻求的是主旋律电影和商业电影的交集，往往“以正剧题材、精良制作、低起点人物、个体视角、国族情怀、认同想象为核心特征”[①]。它奉行“欲施说教、先建认同”的策略，致力于将社会主义核心价值观和成熟类型故事的叙事策略进行有效缝合；与此同时，新主旋律电影还充分借鉴了好莱坞电影工业体系的明星制度及其营造视

① 尹鸿、梁君健：《新主流电影论：主流价值与主流市场的合流》，《现代传播（中国传媒大学学报）》2018 年第 7 期。

觉奇观的技术和制作经验，力图将中国故事、中国价值、中国气派、中国精神与大明星、大导演、大制作、大厂牌的全球商业电影制度进行全面对接。以《流浪地球 2》为例，它将“人类命运共同体”的主流价值观，中国人“安土重迁”带着家园去流浪的浪漫主义民族精神，以对齐世界科幻电影工业水准的方式演绎成中国式科幻大片，不仅斩获了豆瓣评分 8.3 的高分，而且斩获了累计超过 40 亿元的国内票房，在国外也有着超过 1000 万美元的票房收入。必须看到，华语影片在国外市场的票房成绩，排名前 10 位的基本是动作片（侧面反映了国外市场以“中国功夫”标示“中国”的刻板印象）。一部中国的非动作片能有如此海外战绩，已经十分可喜。

新主旋律电影之所以能构成一种文艺生态，让精品力作能够从中源源不断地生长出来，最重要的原因是它继承了社会主义电影的传统，同时又积极利用市场、拥抱市场、向先进的商业电影生产机制学习，从而能够同时发挥出主旋律电影和商业电影这两个曾经割裂的场域之双重优势，进而在新时代电影事业/产业中，找到有着扎实政治基础和市场基础的立足之地。

二、“中国节日”系列节目：传统文化“双创”典范和大视听产业格局的探索

“2021 河南省春节晚会”在河南卫视播出后，《唐宫夜宴》

迅速出圈，河南卫视又陆续推出的《清明奇妙游》《端午奇妙游》《七夕奇妙游》《中秋奇妙游》《重阳奇妙游》，在春节、元宵、清明、端午、七夕、中秋、重阳 7 个传统节日，持续打造“中国节日”系列节目，持续出圈。据不完全统计，2021 年，“中国节日”系列节目全网话题点击量超 300 亿次，2022 年，河南卫视全网话题点击量超过 305 亿次。“中国节日”系列节目已不仅是几部优秀作品，还意味着一个能持续产出精品的生态。

其实几年前，河南卫视也像大部分省级卫视一样，面临着多重困境：互联网分流，卫视节目影响力下降；原有商业模式过时，广告收入减少。虽然依托中原大省的传统文化资源，河南卫视也做出过像《梨园春》《武林风》这样的优秀传统文化综艺节目，但面对“互联网”“Z 世代”等新时代、新情况，还未找到传统文化在新语境中的有效转化和发展模式。其实，不仅是河南卫视，各级广电机构都有在“双创”上狠下功夫，但直到“中国节日”系列节目出现之前，都尚未孕育出能够持续生产出优秀作品的生态。

《唐宫夜宴》走红后，制作方立刻意识到，传统晚会模式已经不再受欢迎，他们迅速推翻了之前元宵晚会的既定方案，奔赴河南博物院实地考察，用十几天时间策划制作了全新的元宵特别节目，也奠定了“奇妙游”系列的整体风格，即通过“网综 + 网剧”的创作架构，时空穿梭和情景再现等串联方式，将传统文化与现代科技相结合。在这种以“创意串场 + 创意节目”为主体的

图 2-9　舞蹈《唐宫夜宴》舞台照

图 2-10　“唐宫文创”手办

全新的晚会模式中，串场者由又红又正的主持人变为俏皮亲民的剧中人，串场工具由精心雕琢的主持词变为不乏悬念的剧情，大大增强了晚会的趣味性、亲民性和故事性。与此同时，撑起晚会的歌舞节目又常常建立在“意料之外而又情理之中”的跨界创意上，比如中国风舞蹈表演《祈》不仅让演员在水下表演飞天舞，做足了“水下”和“天上”的“CP”，舞蹈还与曹植的《洛神赋》结合，将天上之“惊鸿”和水下之“游龙”的合体，以出人意料的方式演绎得淋漓尽致。

此外，“中国节日”系列节目大多围绕舞蹈类等肢体语言表达的项目进行制作，肢体和视觉语言往往能超越国界和意识形态的藩篱，更有效地在海外传播中国传统文化。2023 年上半年，“河南春晚官方”“中国节日”双账号，在 YouTube、Twitter、Meta、Meta Page、Instagram5 个海外平台，推送了 5 台晚会共 570 余条物料，海外点击量达 1413.7 万次。其中有 2 期被外交部发言人汪文斌在 Twitter、Meta 平台向全球网友推介，深受海外“Z 世代”新青年群体的喜爱。①

河南卫视开创了崭新的晚会模式，从中又进一步生长出以创意节目为核心的“大视听”产业格局，初步构建了“视听 IP+

① 数据来自河南广播电视台内部资料。

文旅＋共创多维度项目”的产业开发新格局。[①] 构成这一格局的经线是IP授权，让“中国式美学”深入日常生活。河南卫视于2021年3月成立河南唐宫文创科技集团有限公司，主要职责为运营“唐宫夜宴”“洛神水赋”“龙门金刚”“有凤来仪”等系列IP，开展IP的官方授权和精准营销工作。截至2022年，唐宫文创授权国内外200家品牌和机构，合作开发文创产品300余款，覆盖美妆、时尚、汽车、食品、家居、潮玩、文具、民宿等各领域，让传统文化符号和价值观念真正“活”在人们的日常生活中。

构成这一格局的纬线是文旅融合，让传统文化深入民众的娱乐消费。2021年《端午奇妙游》播出后，郑州首次入围端午热门旅游地前10名；《中秋奇妙游》播出后，河南国庆期间在携程平台的预订量较2020年同期提高127%，河南博物院入选国庆全国热门博物馆TOP 5；《龙门金刚》播出后，龙门石窟国庆客流量增加300%；此外，开封清明上河园、洛阳老君山、焦作云台山等众多节目外景拍摄地点，也随着节目热播成了一时热点。河南省内外纷纷要求与主创团队合作，共建覆盖全国各地的文旅文创项目。

纵观河南卫视打造“中国节日”系列节目的过程，是一个下定决心转换赛道、精准识别观众需要、强化互联网思维的过程；

① 参见调研组《河南台以“中国节日”为契机　开启大视听产业运营新格局》，“国家广电智库”微信公众号，2023年5月16日。

是一个以内容创意为核心，打造“视听 IP+ 文旅 + 共创多维度项目”大视听产业格局的过程；更是一个借市场和传播之力，将双创成功落到实处，将中国传统文化推向大众娱乐消费和日常生活的过程。

第六节 在生产方式上，丰富了我国文艺生产方式，促进不同机制的对话、融合

市场在文艺生产资源的配置中逐渐发挥作用，除了上述可触摸的成绩外，更深远的影响在于丰富了我国文艺生产的大生态环境。不同生产机制配置资源的方式取长补短，不同机制的价值理念相互影响、产品形态彼此融合、创作人才交换互通，构成了当下更复杂、更有活力，也更善变通以适应发展需要的文艺生产生态。

以文学生产为例，新中国的文学生产出现过三种典型的机制：“十七年”时期，我们曾经建立的是与当时的计划经济相适应的期刊生产机制；市场化改革后，我们试图发展的是与市场机制相匹配的畅销书生产机制；媒介革命以来，新世纪早期自发出现的是与互联网开放共享精神、互动参与属性相一致的民间网文生产机制；后来“微利模式”出现，商业网站和签约写手队伍壮

大，资本介入，网站兼并，IP 版权开发模式逐渐成熟，网络文学成为当下互联网泛娱乐生态的重要组成部分和创意生产核心，又逐渐形成了今天和新兴产业形态紧密结合的网络文学产业格局（如表 2-1 所示）。

表 2-1　文学生产三种典型机制粗略梳理

特点 \ 机制类型	计划机制	市场机制	网络机制
主导功能	教化、寓教于乐	娱乐、欲望满足	自娱、娱乐、细分欲望
服务对象	工农兵大众	消费受众	参与型粉丝、大众网文读者
生产导向	会议精神、领导要求	市场需要、畅销书效应	同好需要、置顶效应、市场需求、热点作品效应
生产机构	期刊、出版社	出版集团（工作室）	网络文学网站 网络文娱集团
经费投入	财政资助	出版商支付、自费、其他	众筹、自筹、其他
人力投入	专业作家干部	加盟作家、旗下作家	业余爱好者、参与型粉丝、签约写手
生产动力	职业追求	经济回报、价值实现	兴趣爱好、经济回报、价值实现
经济回报	工资、稿费	稿酬、版税分红	付费阅读、打赏、IP 授权费用

（续表）

特点 \ 机制类型	计划机制	市场机制	网络机制
发行渠道	新华书店、邮政征订	书店、书摊	网文网站、数字阅读
推广方式	宣传部及其指导机构	商业媒体	粉丝安利、网站榜单、口碑营销
评价标准和形式	好作品、官方奖	好看、畅销榜	爽文、点击量/打赏、IP 价值
衍生品	后续改编	后续改编	粉丝同人创作、IP 商业开发

当下的文学生产大多为上述几种机制以不同方式和比例的混合形态。以逐渐兴起的“现实主义题材网络文学”的生产为例。首先，现实题材升温与官方近年来的大力推崇密切相关，尤其体现在即使在资源配置市场化程度较高的今天，现实主义题材依旧以重点创作“五年规划”的方式，自上而下统筹生产、集中资源大力推行。[①]在此背景下，网络文学生产也积极响应官方导向，逐渐扭转网文创作虚构盛行的倾向。其次，站在需求的角度，现

① 例如，《国家新闻出版广电总局电视剧司关于做好 2018—2022 年重点电视剧选题规划工作的通知》中，选题要求表现中国优秀传统文化、革命文化、社会主义先进文化，表现根植于中国特色社会主义的伟大实践，围绕改革开放 40 周年、新中国成立 70 周年、全面建成小康社会、建党 100 周年等党和国家重大宣传期和宣传节点开展，通知下发各级广电部门、宣传部门、中央电视台等机构贯彻落实。

实主义题材确实有相当不错的市场潜力，一方面观众对虚构渐生厌倦，表现为近年来一系列穿越、玄幻类 IP 改编作品的流量、口碑皆不如投资和制作方预期；另一方面出现了以《人民的名义》《我不是药神》《红海行动》《我的前半生》等为代表的一系列现实主义题材大热佳作，根据网文《大江东去》改编的《大江大河》也获得了口碑、市场双丰收。2017 年，艾瑞咨询发布《2017 年中国现实类题材网络文学 IP 价值研究报告》，“现实主义题材”进入主流市场咨询报告选题，证明现实主义题材逐渐获得市场关注和认可。这一系列变化无疑大大刺激了当下以版权开发为重要生产经营模式的网络文学产业，各家企业纷纷倾斜资源，扶持现实主义题材网文。

图 2-11　根据现实主义题材网络文学《大江东去》改编的剧集《大江大河》剧照

例如，网络文学产业的“龙头”企业阅文集团增设“现实”频道；2017 年，主打开发的《工业霸主》《造车》等 11 部 IP，超过七成都是现实主义题材。截至 2023 年，阅文集团在新闻出版和广电有关部门的指导下，举办了 7 届“网络原创文学现实主义题材征文大赛”，网络文学充分发挥传统文学生产不具备的大众参与优势，参赛作家覆盖全国绝大部分地级市，且大部分为兼职（原职业包括教授、技工、律师、医生、编剧、白领、小企业主、农民工等各行各业），这些业余作家本就“扎根生活”，众多行业、各个阶层的现实生活都成为文学创作的素材。大赛征集作品的关注视角、题材涵盖范围都比有限的职业作家通过“采风”等生产的作品要更广阔。在历届大赛的获奖作品中，《大国重工》《投行之路》等近 20 部作品已授权影视开发，覆盖时代致敬、行业职场、青春成长等多个维度。此外，还有《复兴之路》等 30 部大赛获奖作品签约实体出版。其中，《大国重工》获第五届中国出版政府奖“网络出版物奖”；《他从暖风来》《投行之路》《故巷暖阳》相继入选国家新闻出版署“优秀现实题材和历史题材网络文学出版工程”。现实主义题材已经成为网络文学和传统文学的最大公约数，是网络文学精品化的必备要素。[①]

不难看出，以上现实主义题材网络文学生产具有计划经济、

① 参见孙庆云《第七届现实题材网络文学征文大赛结果公布，江苏作家卓牧闲获奖》，《扬子晚报》2023 年 6 月 26 日。

市场经济、粉丝经济和互联网背景下大文娱产业的混合特征，更重要的是，生产机制的混合背后是不同机制所负载的价值、理念、评价标准的碰撞和对话。如果能发生比较积极的融合，那么市场化的文娱产出将更有导向性，官方主导的创作工程将更接地气，民间的创作主体也将有更宽更远的发展出路，这一混合文艺生产机制将兼容各机制的长处，以更适应时代生产力发展的方式，创作出更多文艺精品。

图 2-12　网络文学《大国重工》封面　图片来源：起点中文网

第七节 在文化出海上，市场化较充分的新兴领域充当了主力军

以互联网为媒介的中国网络文学、手机游戏和短视频，作为新兴文艺样式，已在世界范围内获得优势地位。这些由市场孕育的新兴文化业态，义不容辞地成为我国文化出海的主力军。

一、网络文学：从文本出海到模式出海

图 2-13 将网络文学翻译成英文给外国人看的网站“武侠世界”（wuxiaworld.com）曾用页面 图片来源：网络

根据中国作家协会发布的《中国网络文学在亚洲地区传播发展报告》，2022 年，中国网络文学出海市场规模突破 30 亿元，累计向海外输出网文作品 16000 余部，海外用户超过 1.5 亿人，覆盖 200 多个国家和地区。截至目前，在亚洲海外市场，中国网文实体书出版超过 6000 部，翻译作品数量超过 9000 部。

在文本出海的同时，中国网文也正开展着 IP 生态的出海。比如，2023 年 4 月，网文 IP 改编的动画电影《全职高手之巅峰荣耀》宣布将于 7 月 8 日在日本上映，立即登上日本网络热搜。之所以能够在"动漫强国"日本出现"未映先热"的状况，是因为《全职高手》作为目前业内改编形态最多的 IP 之一（先后进行了出版、漫画、动画、动画大电影、网剧、舞台剧、游戏、周边衍生品改编），已经在海外有了较为坚实的受众基础。

除 IP 生态出海之外，近年来一个更有意味的趋势似乎是，中国网文已进入整体经营模式输出的新阶段。尤其疫情三年给了海外网文用户大量的"宅家"时间。他们已经不再满足于被动消费中国网文，而是开始按照中国网络文学的模式生产网文。目前，各大中国网文平台培养海外作者 60 余万名，创作了外语作品数十万部。中国网文已经开始帮助海外青年实现写作梦。

图 2-14 动画电影《全职高手之巅峰荣耀》海报

二、移动游戏：经济和文化的双赢

据统计，2023 年上半年，中国手游海外吸金超过 75 亿美元，超过 50% 来自排名前 30 的手游产品。美国和日本是中国手游出海的热门市场，来自中国的手游产品在这两个市场的收入分别超过 20 亿美元和 16 亿美元，占中国手游出海总收入的 50%。[①] 其中，上海莉莉丝网络科技有限公司的《万国觉醒》《剑与远征》等作品自 2019 年推出后，持续在多个国家居于畅销榜前列。以《万国觉醒》为代表的手游在 2023 年上半年的海外收入超 28 亿美元，占中国手游出海总收入的 38%。苏州叠纸网络科技有限公司的《奇迹暖暖》的 2020 年美服（美国服务器，主要为美国等英语国家提供服务）贡献了全年近 47% 的收入，甚至高于国服（国内服务器，主要为中国大陆提供服务）。

此外，国产手游也出现了一些在国际上获得重要游戏奖项的优秀作品。如上海米哈游天命科技有限公司的《原神》获第 10 届纽约游戏大奖最佳手机游戏奖，有“游戏界奥斯卡”之称的 TGA（The Game Awards）2021 年度最佳移动游戏奖。游戏内有个叫“璃月”的地区，角色服饰、建筑等美术设计方面，大量融入中国元素，在文案、音乐等细节方面也透着浓浓的中国韵味。比如，璃月地区有个叫钟离的角色，他于危难中鞠躬尽瘁救

① 参见“Sensor Tower”数据。

苍生，却事了拂衣去，深藏功与名。他的著名台词“此世群魔诸神并起，我虽无意逐鹿，却知苍生苦楚。只愿荡涤四方，护得浮世一隅”已经被很多玩家倒背如流。钟离的魅力，在于他完美体现了中国人理想的“侠客 + 仁君”形象。在璃月，玩家还能体验中国的美食文化，很多游戏场景与张家界、九寨沟等 5A 级国家景区联动，虽然没有一处明示“这就是中国”，但是但凡体验过这个架空世界的玩家，都会深深感受到“中国文化”的魅力。《原神》出海也受到官方认可，入选了 2021—2022 年度国家文化出口重点项目，背后的公司米哈游也入选了 2021—2022 年度国家文化出口重点企业。

图 2-15　以古代中国为原型的《原神》璃月区游戏场景

三、短视频：深入西方世界内容产业腹地

2017 年被称为短视频出海元年，国内短视频龙头企业快手和抖音分别推出了 Kwai 及其系列出海品牌[①]和 TikTok，即“快手海外版”和“抖音海外版”。这些年来，尽管几经周折和反复[②]，目前我国短视频出海市场已基本形成 TikTok 在美国、日本等发达国家发展，Kwai 在巴西、印度尼西亚等“第三世界”国家发展的“二分格局”。其中，TikTok 服务超过 10 亿的海外用户，在欧美国家的战绩尤为突出。根据著名移动应用数据分析机构“Sensor Tower”的统计，2021 年 7 月，通过 App Store 和 Google Play 下载 TikTok 和抖音的全球总下载量已超过 30 亿次，

---

① 快手的海外市场战略，最先采取的是“用多个团队，开发不同产品，探索不同市场”，致使旗下出现多个出海品牌，比如，针对以印度和巴西为代表的南亚、拉美市场的 Kwai，针对以印度尼西亚为代表的东南亚市场的 Snack Video，针对北美市场的 Zynn（已经关停），目前快手已经开始逐步将多款海外产品整合为 Kwai 一款产品。

② 从 2016 年年底开始，快手先后四次重启出海业务：前三次大多因为“砸钱换客”策略，在短暂高速增长之后，陷入用户“留存”不够的泥潭。2020 年年底，快手开始了第四次海外扩张，这次主要是以巴西和印度尼西亚为中心，辐射南美和东南亚市场，目前运营良好。在快手出海屡次受挫的同时，抖音需要面对的则是来自目标市场国的一系列制裁，其中比较重要的有：2019 年 2 月，TikTok 因违反美国《儿童隐私法》被罚款 570 万美元；2020 年 7 月，特朗普宣布封杀 TikTok；2020 年 7 月，印度下架 TikTok；2020 年 10 月，巴基斯坦首次封禁 TikTok。参见后浪学派《回顾快手出海六年：从领先到追赶》，“后浪小小班”微信公众号，2022 年 9 月 26 日；张珺《TikTok 内幕：张一鸣的巨浪征途》，“界面新闻”微信公众号，2022 年 4 月 26 日。

图 2-16 TikTok 和 Kwai 海外用户用户测评[①] 图片来源：网络

TikTok/ 抖音已成为第一个达到该水平的非 Facebook 系应用软件。[②] 不夸张地说，中国内容平台第一次深入西方腹地，树立了中国企业做全球生意的新典范。

但比起体量和排名，更重要的是，在一个“平台为王”的时代，平台往往能借助数据标准、内容算法、交互界面、社区规则等方式，主导相应内容的标准制定。比如，TikTok 几乎完全复

---

① 图片来自陈梦竹、姚蕾、杨仁文《抖音 vs 快手深度复盘与前瞻——短视频 130 页分析框架》，方正证券研究报告，https：//download.csdn.net/download/m0_52957036/20492974。

② 数据不包括中国及其他地区第三方安卓渠道。

制了国内抖音的产品功能和运营策略。[①]TikTok 的单列短视频推送流模式和大部分功能界面都与抖音一致，与此同时，TikTok 也采用了抖音的中心化算法分发逻辑，平台根据用户的兴趣爱好为其推送相关热门短视频，在分发权重中，短视频质量大于用户社交关系。这一切无疑在某种程度上决定着今天人们对“何为短视频”“何为高质量短视频”“短视频应该怎么玩”的认知和判断。不夸张地说，如果抖音和快手的海外产品能一直维持它们在短视频领域的头部平台地位，那么全世界短视频的标准制定权就在中国企业手中，中国也将在世界范围内成为短视频行业标准的输出者。

在肯定市场成绩的同时，我们也必须看到过度市场化带来的问题。市场机制本身有哪些内在弊端？市场配置文艺生产资源又有哪些内在问题？如何引导市场发挥配置文艺生产资源的积极作用？如何正确处理文艺商品属性和意识形态属性的关系以及经济效益和社会效益的关系？这是下一章要集中讨论的问题。

---

① 短视频出海往往要经历“复制—因地制宜—收购”三个阶段。所谓复制，即将国内产品和运营策略成功复制到海外；所谓因地制宜，即调整营销策略以适应当地市场需求，比如引入当地网红；所谓收购，即直接获取已成功产品的海外用户和团队人才，比如字节跳动完全收购 Muscial.ly，其全部用户被迁移到 TikTok，其高管也加盟了字节跳动。无论如何，第一步都是将国内产品和运营方式“复刻”到国外。参见陈梦竹、姚蕾、杨仁文《抖音 vs 快手深度复盘与前瞻——短视频 130 页分析框架》，方正证券研究报告，https：//download.csdn.net/download/m0_52957036/20492974。

第三章

市场配置文艺生产资源的内在问题

市场有效运转需要秩序。秩序可以内生于市场和社会，即自下而上“涌现”的自发秩序；也可以外生于监管和法治，即自上而下实施的制度秩序。自发秩序内生于市场运行，是规范市场行为的基础，但单凭市场自身，是不足以保障市场有效运转、社会公平正义的。因此，制度秩序不可或缺。无论在哪个国家，想要市场经济健康发展，市场监管都必不可少。市场监管作为政府的核心职能之一，是维护市场秩序的重要力量。只有在内生秩序和外部调控的共同作用下，市场经济才可能健康、有效运行。[①]

具体到文艺问题，市场借价格杠杆和竞争机制配置文艺生产资源，在灵活、高效等方面具有独特优势。但如果过度市场化，也会出现众多问题。习近平总书记在《在文艺工作座谈会上的讲话》[②]中特别用了相当篇幅谈到这个问题，在谈“创作无愧于时代的优秀作品”时，他提道：

---

① 参见江小涓、黄颖轩《数字时代的市场秩序、市场监管与平台治理》，《经济研究》2021 年第 12 期。

② 习近平：《在文艺工作座谈会上的讲话》，http：//www.xinhuanet.com/politics/2015-10/14/c_1116825558.htm?z=9。

改革开放以来，我国文艺创作迎来了新的春天，产生了大量脍炙人口的优秀作品。同时，也不能否认，在文艺创作方面，也存在着有数量缺质量、有“高原”缺“高峰”的现象，存在着抄袭模仿、千篇一律的问题，存在着机械化生产、快餐式消费的问题。在有些作品中，有的调侃崇高、扭曲经典、颠覆历史，丑化人民群众和英雄人物；有的是非不分、善恶不辨、以丑为美，过度渲染社会阴暗面；有的搜奇猎艳、一味媚俗、低级趣味，把作品当作追逐利益的“摇钱树”，当作感官刺激的“摇头丸”；有的胡编乱写、粗制滥造、牵强附会，制造了一些文化“垃圾”；有的追求奢华、过度包装、炫富摆阔，形式大于内容；还有的热衷于所谓“为艺术而艺术”，只写一己悲欢、杯水风波，脱离大众、脱离现实。凡此种种都警示我们，文艺不能在市场经济大潮中迷失方向，不能在为什么人的问题上发生偏差，否则文艺就没有生命力。

我同几位艺术家交谈过，问当前文艺最突出的问题是什么，他们不约而同地说了两个字：浮躁。一些人觉得，为一部作品反复打磨，不能及时兑换成实用价值，或者说不能及时兑换成人民币，不值得，也不划算。这样的态度，不仅会误导创作，而且会使低俗作品大行其道，造成劣币驱逐良币现象。人类文艺发展史表明，急功近利，竭泽而渔，粗制滥造，不仅是对文艺的一种伤害，也是对社会精神生活的一种伤害。低俗不是通俗，欲望不代表希望，单纯感官娱乐不等于精神快乐。文艺要赢得人民认可，花拳绣腿不行，投机取巧不行，沽名钓誉不行，自我炒作不行，“大花轿，人抬人”也不行。

在谈“坚持以人民为中心的创作导向”时，他谈道：

一部好的作品，应该是经得起人民评价、专家评价、市场检验的作品，应该是把社会效益放在首位，同时也应该是社会效益和经济效益相统一的作品。在发展社会主义市场经济的条件下，许多文化产品要通过市场实现价值，当然不能完全不考虑经济效益。然而，同社会效益相比，经济效益是第二位的，当两个效益、两种价值发生矛盾时，经济效益要服从社会效益，市场价值要服从社会价值。文艺不能当市场的奴隶，不要沾满了铜臭气。优秀的文艺作品，最好是既能在思想上、艺术上取得成功，又能在市场上受到欢迎。要坚守文艺的审美理想、保持文艺的独立价值，合理设置反映市场接受程度的发行量、收视率、点击率、票房收入等量化指标，既不能忽视和否定这些指标，又不能把这些指标绝对化，被市场牵着鼻子走。

在中国文联十大、中国作协九大开幕式上，习近平总书记在对广大文艺工作者提出“坚守艺术理想”的要求时，提醒大家：

> 要珍惜自己的社会形象，在市场经济大潮面前耐得住寂寞、稳得住心神，不为一时之利而动摇、不为一时之誉而急躁，不当市场的奴隶，敢于向炫富竞奢的浮夸说“不”，向低俗媚俗的炒作说“不”，向见利忘义的陋行说“不”。[①]

在中国文联十一大、中国作协十大开幕式上，习近平总书记在对广大文艺工作者提出“坚持弘扬正道”的要求时，提醒大家：

> 文艺要通俗，但决不能庸俗、低俗、媚俗。文艺要生活，但决不能成为不良风气的制造者、跟风者、鼓吹者。文艺要创新，但决不能搞光怪陆离、荒腔走板的东西。文艺要效益，但决不能沾染铜臭气、当市场的奴隶。创作要靠心血，表演要靠实力，形象要靠塑造，效益要靠品质，名声要靠德艺。低格调的搞笑，无底线的放纵，博眼球的娱乐，不

① 习近平：《在中国文联十大、中国作协九大开幕式上的讲话》，http：//www.xinhuanet.com//politics/2016-11/30/c_1120025319.htm?location=35。

知止的欲望，对文艺有百害而无一利！[①]

关于市场的消极影响，习近平总书记的研判和要求主要集中在以上几处。一是影响到文艺生产的导向，文艺为人民币而非首先为人民服务；二是影响到文艺高峰的出现，劣币驱逐良币，在拉平的同时也拉低了文艺创作的高度；三是影响到文艺工作者的理想信念和精神风貌，在市场经济大潮中迷失了方向、失去了定力。这三方面影响覆盖文艺生产的动力、结果和主体，涉及生产的目的和导向、产品的质量和效果以及核心生产要素——作为精神劳动者的文艺工作者的状态。可见，过度市场化的消极影响不仅是根本的，也是广泛的，它首先发生在导向问题上，其次体现在产品问题上，根本归结在人心问题上，影响到整个文艺生产的不同层面。

当然，我们必须承认，当下文艺生产消费领域有一部分问题并非都源于市场机制自身。很多问题产生于市场机制不健全、产业不成熟、相关法律配套保障措施有待完善；很多问题又来自管理者对市场干预不当，有些甚至涉及不健康的政商关系。不健全的市场和待完善的关系又常常相互强化，造成众多市场乱象，阻碍市场良性发展。当然该问题已超出“文艺与市场”专题范围，

① 习近平:《在中国文联十一大、中国作协十大开幕式上的讲话》，http：//www.xinhuanet.com/2021-12/14/c_1128163690.htm。

我们下面的论述将主要集中在：从市场机制的内在特征上看，过度市场化为什么会对文艺生产产生消极影响。

第一节 在导向上，市场是逐利的，过度市场化将造成对市场需求的无底线迎合

食、色，性也。暴力、色情、窥探、猎奇等欲望，在人类的生存发展各方面都发挥着推动作用，具有不可否定的积极意义。对这些根深蒂固、普遍存在的欲望的满足，也构成了人类生产的重要动力，具有不可否定的正面价值。但正如习近平总书记所言，“低俗不是通俗，欲望不代表希望，单纯感官娱乐不等于精神快乐”，并非衍生自这些欲望的全部需求都合理、健康，因此，也并非衍生自这些欲望的全部需求都该被无差别地、无底线地满足。具体到文化生产，由于市场在本质上是逐利的，哪里有需求，哪里就有市场，需求有多大，市场就有多大。如果任由市场在资源配置中发挥作用，就难免迎合包括各种低级趣味、感官欲望在内的消费需要，生产一批低俗、庸俗、媚俗的文化产品，文艺也难免沦为“追逐利益的‘摇钱树’”“感官刺激的‘摇头丸’”。

一、直播乱象与“流量网红”：成也流量，败也流量

在信息社会，一方面，降低了文艺生产的门槛，似乎每个人都可以成为写手、主播、拍客；另一方面，注意力又越发稀缺，从海量的内容中竞争胜出，夺取受众关注，变得比从前更加困难。创作门槛的降低和创意要求的提高，进一步加剧了通俗文艺产业本就存在的内容生态问题，如果没有能力靠创意取胜，那么就只能靠尺度取胜，似乎“只要能获得关注，干什么都可以”。如果任由其发展，搜奇、猎艳、暴力、惊悚，各种三俗内容就可能泛滥。与此同时，由于注意力和资本遵从着类似的分布规律（20% 的内容吸引 80% 的眼球，20% 的人占有 80% 的资本），各种流量变现的商业模式被发明出来，铺平了“注意力”朝着“人民币”的转化渠道。在获得关注和赚取金钱的双重刺激下，众多生产者即使冒着违法犯法的风险，也要铤而走险，涉足三俗内容的灰色产业生态链。

例如，在内容监管较松的网络直播产业早期，某不知名主播首创“直播造人”，尽管开播不久就被封禁，但仅凭半小时的监管时差，就收割十几万观众、几千元礼物，比老老实实靠内容创意吃饭的主播苦心经营几年的收益还要多。虽然经历过该事件后，首创“直播造人”的主播被禁，为其提供直播间的网络平台乃至整个直播行业都经历了严苛的整顿，但同时也让更多人看到了色情直播的巨大市场需要，很多小平台在激烈的市场竞争中无

望胜出，干脆放弃正经生意，直接效仿“黄色网站”经营模式，借助各种措施——服务器在境外，管理者在境外，App 不在中国大陆上架、只在各种网络空间进行分级代理、秘密传播，逃避国内监管，依托色情图像行业本就比较成熟，仍在不断进化的灰色产业链，继续繁荣发展。①

当然，除了这些明显属于“扫黄打非”对象的内容外，还有一些内容当属明显违反了公序良俗。以“流量网红”现象为例。在网络传播环境中，“蹭流量”作为一种传播策略，本身其实无可厚非。比如很多主流媒体抓住“李玟轻生”的热点，向公众进行抑郁症科普，呼吁整个社会关爱抑郁症患者，就起到了很好的社会效益。但问题是，对于那些没有真正内容要输出，缺乏身家本领、一招半式的“流量网红”，“蹭热点”几乎成为他们唯一可以依傍的内容生产套路。于是不分“热点”的性质，不顾“蹭”的后果，只要能有流量，热点在哪里，“流量网红”的身影就出现在哪里。如果在“云南野象迁徙”事件中，蹭“网红大象”的流量，还称得上抓住了全民“云观象”的机遇，那么跑到名人老家“打卡”，严重打扰家属日常生活，就已经开始触及公序良

---

① 例如，浙江嘉兴“4 · 05”特大网络传播淫秽物品牟利案捣毁色情直播平台“Max”，抓获 18 名高层管理人员。该平台涉案金额高达 2.5 亿元，付费会员超过 350 万人。据悉，该平台从 0 到 350 万会员，仅用 9 个月。不算主播，服务该平台的各级代理推广员共 1.6 万人，“员工”数量超过当下任何一个主流直播平台。该案件是“净网 2018”专项活动开展以来全国范围内最大的一起利用网络直播进行违法犯罪的刑事案件，但仅仅是色情图像行业的冰山一角。

俗的底线了。[①]更有甚者，打起了“蹭灾难”热点的主意。2023年7月，河北暴雨灾情牵动人心，某些网红却把灾难现场当“秀场”，在路旁扎堆搭帐篷搞直播，造成交通拥堵，严重影响正常救援；有的甚至拉着老人在积水中摆拍“救援”桥段，经喝止才肯作罢。流量网红的不当行为，引起民愤。新华网评发文，呼吁媒体声讨、平台管理、监管部门共同发力，“让昧良心‘流量网红’无处遁形。灾难面前，容不得任何‘作妖’”[②]。

以上所述案例，明显违反了法律法规和公序良俗。但是还有一些文艺产品，根据其所处社会历史背景，可能会出现复杂的“尺度”把控问题。对这些内容的监管、把控，就需要充分理解政策，同时做到具体问题具体分析。下面将以官场题材和盗墓题材为例阐明之。

二、官场题材：在满足“窥探欲”和现实主义批判之间

无论是明清时期的早期小说市场、改革开放后的畅销书市场还是媒介革命以来的网络文学市场，中国自有小说市场开始，就有官场小说。官场小说的繁荣，一是建立在中国“官本位”文化

① 参见《老家成“网红打卡地”，请保护14岁全红婵！》，https：//m.gmw.cn/2021-08/08/content_1302471155.htm。

② 《新华网评：让昧良心的“流量网红”无所遁形》，“新华网”微信公众号，2023年8月8日。

土壤之中，二是建立在消费者“窥探欲”市场需求之上。一方面，“以官为本、以官为贵、以官为尊”的观念深入人心，即使建立现代国家，“官老爷”变为“人民公仆”，老百姓对官员、官场的敬畏和好奇依旧根深蒂固。另一方面，即使有权威的规则、可靠的正史和公开的公众生活，但野史、隐私、潜规则构成的另类现实图景，永远是娱乐消遣的需求。就这样，在“官本位”和“窥探欲”的通力作用下，局外人想了解，局内人欲参透，大众对在各种意义上能够决定其命运的官场兴趣盎然。如此，能对官场进行全面刻画、真实还原、深刻阐释的文化产品，就有了广泛的受众基础。

事实证明，无论是《官场现形记》（李伯元）等文言小说、《绝对权力》（周梅森）等传统文学，还是以《官场笔记》（侯卫东）为代表的“官场类”网络文学，官场题材一直以来都是我国大众文化的宠儿。同时我们也必须看到，被市场宠爱的官场题材，其实也延续了为严肃文学所钟爱的现实主义传统。例如，《人民的名义》一方面正面讴歌了新时代“全面从严治党”的伟大实践，另一方面又批判和揭露了组织内的众多痼疾，充分继承了严肃艺术反映时代、激浊扬清的传统，与此同时，又通过讲述反腐故事，满足了老百姓对官场的好奇心，切中其“骂贪官”的痛点、“正义战胜邪恶”的爽点，充分继承了通俗文艺为人民群众喜闻乐见的基因。

图 3-1　电视剧《英雄无悔》海报

其实在《人民的名义》之前，反腐题材自《抉择》《英雄无悔》之后，一度从大众视野中消失，一个重要原因就是该题材在"批判和揭露"的尺度上难以把握。党的十八大以来，全面从严治党，"打老虎""拍苍蝇"全面展开，《人民的名义》得以乘势制播（虽也有波折），该剧也确实较好地把握了导向——在展现腐败的同时，更展现反腐败，并始终坚持在“反腐败”的光明中展现“腐败”的阴暗，较好地处理了歌颂和暴露的关系——这个一直伴随着现实主义创作的难题。不难想象，创作者若想做到这一点，须具备诸多条件。深厚的现实主义艺术修养不用说，还要充分了解官场，能够把准尺度；尤其这后两者，其实需要很高的门槛和难得的机缘。这个时候，再来反观大众文化市场中的官场类型，就会发现诸多问题。

以网络文学为例，“官场文”曾是网络文学的一个类型，每天都有众多网文作者在“官场”“职场”“都市”的标签下，生产海量官场题材或相关题材小说，其中不乏优秀人才，也不乏上等佳作。但不难想象，海量生产者中也少不了单纯“码字”的写手，看到官场文大热就跟风创作，本人对官场可能并不十分熟悉，只好把原来写“宫闱秘史”“阴谋权谋”的套路照搬到官场题材的创作中，把官场文当现代清宫戏、红色黑帮文、合法权谋论来写。另外，为了吸引受众，又不惜过度渲染官场阴暗面，放大社会问题，有悖“正能量”的总要求。与此同时，读者却可能对这些过分夸张的虚构故事信以为真、过度解读，以为作者想象出的这个“精彩纷呈”的官场及支持其运行的“亚文化”“潜规则”，就是今天的现实本身。这无疑在我国经济社会深刻变革、利益格局深刻调整的当下，有损社会稳定。

三、盗墓题材：在猎奇探险和封建迷信之间

从志怪、传奇开始，非现实主义题材就一直是通俗文学市场的主力军。近年来，由于各种复杂原因，现实主义题材生产风险较大，非现实主义作品更受市场青睐。其中盗墓类一枝独秀，无论是《鬼吹灯》《盗墓笔记》等文学作品，还是依托文学原著改编的影视作品、游戏等，都有不俗的市场业绩。在 2016 年第二届版权合作与交易大会上，天下霸唱新作《摸金玦》还没出版，网剧和游戏改编权就已卖掉，电影改编权也拍出 4000 万元天价，更是将盗墓题材的热度推向高峰。

盗墓题材为何备受欢迎？首先，盗墓题材所依托的探险和成长类型，一直以来都是较有受众基础的通俗文艺类型。其次，盗墓题材在此基础上还有所创新，一方面从“盗墓者”这一现代人的视角，带领读者感受遥远、神秘的古代亡灵世界；另一方面，又借助讲故事这一喜闻乐见的方式，向大众展示了“盗墓”这个在历史中一直存在，却潜隐神秘的“灰色”行业，颇能满足读者猎奇、窥探、冒险等一系列心理需要。[①] 但与此同时也需承认，

---

① 一直以来备受冷落的考古学今天正因蹭了“盗墓”题材的热度，一度成为网红学科。以“知乎”为例，在盗墓 IP 大火期间，知乎出现了众多考古学相关问答，例如“考古和盗墓有什么区别？”“考古专业人士如何看待《鬼吹灯》《盗墓笔记》等盗墓小说”“挖掘墓穴方面的技术，考古人员真的不如盗墓者吗”，众多考古学专业人士受邀作答，成为答主，在一定程度上普及了专业知识，开阔了大众的知识视野。

盗墓题材展现的并非都是优秀的传统文化。医学与巫术杂糅，历史与流言混合，堪舆中常常和着风水，天文里经常夹着星象，尤其是盗墓展现的那个古代亡灵世界，是传统文化中的封建迷信最为扎堆、集中的领域。但不得不承认，比起考古、医学、历史、地理、天文这些科学体系，盗墓、巫术、流言、风水、星象这些在坊间流传的民间话语确实更为通俗文化所青睐。这些东西出现在作品中，确实能提升产品吸引力，但也可能借产品大火扩大影响力。即使并非初心，也可能会在结果上起到传播“封建迷信”的效果。[①]

不难看出，这里涉及的实质问题是如何“古为今用”，了解新中国文艺史的人应该清楚，在该问题上如何“去其糟粕，取其精华”和上述“批判与揭露”的尺度，一直都贯穿着文艺创作的尺度把控问题。如果以前影响此类问题判断的大多是政治因素，那么在当下过度市场化的语境中，“古”难免成为迎合猎奇的手段，“揭露”也可能首先满足的是窥探的欲望，在政治之外更添

---

① 尤其是近年来的盗墓题材，故事经常设定古代盗墓行业后人与现代考古工作者一起合作进行探险，就更容易误导受众，以为支持故事的知识系统有科学和历史依据。例如《鬼吹灯》的作者天下霸唱就常被问及“小说中出现了那么多名词、术语、地理，不懂的人根本写不出来，这些内容是不是都是真的？你是从哪里知道的那么多盗墓知识”，天下霸唱不得不出面撰文澄清，每座古墓和冒险地点的历史背景、各种神秘动物的原型和风水玄学、民俗地理等，都有真有假，更多的是虚实混合，且会根据创作需要进行调整。参见《〈鬼吹灯〉作者在结束后对本书的中肯评价》，http://zhidao.baidu.com/question/434730307611103612.html。

市场因素，进一步加剧了该问题的复杂程度。

第二节　在资源配置机制上，文艺生产中的一些问题是市场普遍问题在文艺领域的具体表现

2001 年，时任福建省省长的习近平在《对发展社会主义市场经济的再认识》一文中提到市场经济“能够比计划经济体制更快更好地发展社会生产力，但同时也存在着自发性、盲目性、投机性、短期性、滞后性、不完全性和容易导致垄断行为等弱点，这些弱点不仅会对资本主义社会的发展产生不利影响，而且也同样会对社会主义的发展产生消极影响，并将引发一些新的矛盾”[①]。换言之，无论资本主义还是社会主义、物质生产还是文化生产，市场配置资源都存在着天生内在缺陷，因此只要市场配置资源，就可能出现根源于这些内在缺陷的问题。下面我们以几个行业的突出问题为例，进一步阐明该观点。

---

① 习近平:《对发展社会主义市场经济的再认识》,《东南学术》2001 年第 4 期。

一、电视剧“产能过剩”与市场“滞后性”等内在弊端

新世纪以来，由于“上星”转型，省部级电视台经济负担加重，对广告收入更加重视，广告投放者看中收视率，作为收视率担当的电视剧呈现广阔市场需求，大大刺激了生产。2000年，我国生产电视剧超过10000集；2007年，更拿下生产、播出、观众数量三个世界第一。但隐患也自此埋下。首先，全国各地电视台的电视剧播出总时间有限，和广告收入直接挂钩的黄金时段更有限，需求总量并非没有“天花板”。其次，新媒介快速发展，分割了大众的娱乐消费时间，收看电视的需求总量减少。最后，注意力的马太效应意味着，同期上映的电视剧只有少数能“热播”，因此也只有少数更受播出方欢迎。这样一来，在市场刺激下，一方面产量盲目增长；另一方面需求总量又有限，且整体上向少数头部剧倾斜，这样就势必造成相当数量的电视剧无法播出。

事实证明，我国每年能够播出的电视剧稳定在8000集左右，但尽管如此，直到2012年电视剧产量达到17000集的历史高峰，才开始有所回落，目前仍存在着十分严重的“产能过剩”问题。[①] 与此同时，在电视台收入与广告挂钩、广告与收视率挂钩的情况下，整体上更能保证收视率的明星、名导、大公

---

① 参见孙佳山《“1.5轮跟播”背后的体制危机》，《中国艺术报》2015年2月9日。

司和都市、古装等热播剧类型自然会占据产业制高点，挤压普通演员、导演、中小影视公司、小众电视剧类型的生存和发展空间。

不难看出，上述问题的主要症结在于市场这种资源配置方式存在着盲目性、滞后性、容易导致垄断发生等内在弊端。无论物质生产还是精神生产、社会主义还是资本主义，只要市场在资源配置中发挥作用，就可能产生由其内在弊端带来的问题。下面，我们来看市场的另一个内在弊端：投机性。

二、书画市场“囤积居奇”与市场“投机性”等内在弊端

书画市场古已有之，但新世纪以来，伴随着市场化改革和文化产业振兴，中国与国际接轨的现代书画市场逐渐发展起来。①书画作为一种精神生产的结果，供给侧的精神劳动时间本就难以衡量，再加上需求方“好之则贵于金玉，不好则贱于瓦砾”，因

① 虽然在 2011 年之后，由于中央八项规定等政策出台，“送礼画”市场萎缩，行业发展速度有所减缓，但近年来随着“一带一路”“文化 +”等对外开放和文化产业促进政策，行业有所回暖，根据国外权威艺术机构欧洲艺术和古董博览会（TEFAF）发布的《中国艺术市场报告》，经过 40 年发展，中国已成长为全球第二大艺术市场。以书画市场的风向标拍卖行业为例，根据中国拍卖行业协会发布的《2017 中国文物艺术品拍卖市场统计年报》《2017 中国文物艺术品全球拍卖统计年报》，2017 年，中国文物艺术品在全球范围内拍卖总成交额为 71.9 亿美元，其中，海外成交 20.8 亿美元，国内市场拍品均价连续三年增长，达人民币 12.89 万元/件（套）。亿元拍品国际市场高达 38 件，国内市场也有 16 件，皆为历史之最。

此“要之在人，岂可言价”。但作为在现代市场中流通的一种商品类型，必须建立起与大多数人购买心理预期相关的现代价格体系。这就让书画价格在其内在价值之外受到更复杂因素的影响，也更容易被人为因素塑造。[①] 本来，通过低买高卖赚取差价是一种正常的市场行为，但在激烈的市场竞争中，“低进高出”的强烈动机与书画商品难定价的内在特征结合，成为滋生出各种投机行为的温床。

尤其当艺术家、经纪人、评论家、商业媒体、画廊、拍卖行、书画交易博览会等生产流通各环节结成利益共同体时，“炒作”行为可能会覆盖整个产业链，特别是对于那些价值尚未经过时间考验的当代书画，哪怕十分成熟的消费者也很难做出理性判断。于是，顾客为虚高价格买单的同时，却肥了囤积居奇、低入高出的书画炒作者。书画市场价根据其作者所属书画协会从会员到主席的级别、根据该协会从地市到国家的级别呈正相关攀升。不难理解，如果价格走势和任期紧密相关，那么低进高出的市场行为也自然与人事变动密切相关。人事变动一年一小调，五年一大调，投机者也跟着一起调，为众多短期投机行为留下了空间。不难看出，上述问题的重要症结之一在于市场这种资源配置方式本来就存在着投机性等问题，健全的法律体系固然可以缓解，但

① 参见陶小军、王菡薇主编《艺术市场学》第七章“艺术品的定价”，商务印书馆 2017 年版，第 107—121 页。

始终难以根治这一源自市场内在弊端的问题。

第三节　在资源配置与文艺生产的结合上，文艺生产有其内在特征，过度市场化将造成产业需要对创意规律的挤压

文艺产业是一种创意产业，由“创意”和“产业”两部分组成，二者结合好了可以相得益彰。但必须看到，无论是个人创造还是产业供应，是读者接受作品还是大众消费商品，其实都是十分不同的两个过程。这让创意和产业结合下的创意产业，有了不同于其他产业的一些突出特征，如果面对这些特征带来的问题，未能处理好创意和产业的关系，就可能造成市场对艺术创造的挤压，后果可能十分严重。正如习近平总书记所言，“急功近利，竭泽而渔，粗制滥造，不仅是对文艺的一种伤害，也是对社会精神生活的一种伤害”①。

① 习近平：《在文艺工作座谈会上的讲话》，http：//www.xinhuanet.com/politics/2015-10/14/c_1116825558.htm?z=9。

一、从供给的角度，创意产业和其他产业相比，生产更不可控；强求产量可控，就难免胡编乱造、粗制滥造

艺术创造和工业生产的节奏不同，这是二者最重要的差异之一。无论是“缪斯女神无法如预期地光临”还是“气之动物，物之感人，故摇荡性情，形诸舞咏”，无论是被临幸还是被感应，艺术创造都是一个无法控制、不太稳定的过程。这一点与现代产业对生产的要求有着根本差异——无论是福特流水线上的规模生产，还是后福特生产的小众定制，其根本要求之一都是：可控。因此，当艺术家进入产业，就意味着他只有大量地、持续地为市场供货，才能成为一名合格的生产者。在这样的情况下，如果才思枯竭，又必须出产，就只能“胡编乱造”“粗制滥造”了。

以网络文学产业为例。新世纪以来，网络文学创作呈井喷之势。有说法称一年发布的网文字数比新中国成立以来传统媒介的发表总量还多。[①] 字数多固然和新媒介特性有关，但同样重要的还有网络文学的基本商业模式。在网络文学发展早期的免费时代，诸如《悟空传》《此间的少年》之类的不少作品，其实和传统文学一样惜墨。2003 年，起点中文网发明了 VIP 付费阅读，读者

---

① 一个重要的佐证是，一般来说 10 万字以上的传统文学作品就可算长篇小说；但在网文领域，长篇一般都要百万字起算，动辄还会出现千万字级超长网文。

以 2—5 分 / 千字的低价就可阅读其喜爱作品的完本。[①] 该模式有效解决了网站营收和部分作家的吃饭问题，但也逼迫作者最好能按照读者期待和网站要求，以持续不断的稳定产量从事创作。如果作品以长度为付费单元，以日更为生产周期，那么作家自然也就成了以匀速“码字”的写手。但问题是，尽管钱可以靠无限“码”下去的字数赚，文却由毕竟才思有限的人来写。

写不出来还要写，怎么办？不难理解，方法无非有二。一是抄袭，二是注水。抄袭如果被发现，后果严重。因此，虽网文抄袭的数量也不少，但注水更能成为甚至可以被粉丝理解，并在一定范围内忍受的行业潜规则。在一篇《网络文学写手的职业之路》的热帖中，“注水”俨然是一种必须被传授的“职业技能”。在网友的讨论中，如果增人物、增对白、增描写等还只是正规做法，那么多换行、多说口头禅、把角色设定成结巴等就难免算歪门邪道了。事实证明，注水已经严重影响了网文行业发展，引来读者强烈不满。例如，本来预计 100 万字完结的《诛仙》，最终撑满了 160 万字，由于注水太过明显，引起诛仙粉公愤，斥责其作者萧鼎是“为生活为金钱而写作的宵小文人”。

单纯的“网文注水”还只是注水 1.0 时代，今天已发展出

① 网站和其签约作家在作品更新、日更量、长度上会有各种明文规定或君子协议；此外，对付费阅读收入网站与其签约作家按比例分成。利益捆绑外还设有激励机制，比如，完成一定量月更、保持一定时间不断更等，就会拿到一笔奖金。

2.0 版本——“IP 注水”。近年来，一方面资本大量涌入文娱行业，IP 需求旺盛，在资本争夺之下，众多 IP 改编授权卖出天价；另一方面，网站在以“分”为单位苦苦累计的“微利”模式之外，发现了一笔交易额动辄数十万元甚至百万元、千万元的版权开发模式。在强大的 IP 供应需求和利益驱动下，网文行业开始“大跃进”，各类供应商争先恐后，力图在资本热情尚未消退之前，拿出令其垂涎的优质 IP。即便网络文学发展 20 年，已有千万部网文数量储备，但优质的人类智慧毕竟有限，真正优质的 IP 数量远远少于“虚高”的市场需要。在这种情况下，众多网文只能被重新翻出来稍加改编，再刷些流量和口碑，就被包装成了在 IP 交易场所重点兜售的香饽饽。事实证明，在这些被买卖的 IP 中，相当一部分都是注水严重的“假 IP”，质量远远难以满足影视改编等后续开发需要，已经成为投资者的“不良资产”。

不难看出，伴随着网文行业商业模式从微利到版权开发的丰富，注水也在靠码字苦功夫的“网文注水”之外，进化出靠各种花招打造的“IP 注水”。必须承认，“注水”现象自然和生产者急功近利有关，但更根本的原因在于，无论是产量的稳定性还是数量的规模性，文艺创造和工业生产都有着十分不同的特征，如果逼迫前者完全按照后者的需要生产，就难免稀释含金量，造成胡编乱造、粗制滥造的现象。

二、从需求的角度，创意产业和一般产业相比，需求更不确定；制造需求假象，就可能价格虚高、数据造假

需求不确定，这是以文化产业为代表的创意产业区别于其他产业最显著的特征之一。如果不是真正地将一件新的创意产品生产出来并放到消费者眼前，那么没人能确定消费者会如何评价它；同理，消费者如果不是真的体验过这个作品，他自己都无法确定是否真的需要这件作品。[①] 如果需求这样不确定，那么至少可以在两个方向做努力。一个努力方向是正好利用这种不确定性为塑造需求留下的空间，刷票房、刷评分、写软文、炒票价，制造高票房、高评分、高口碑、高票价等可以体现较高受众需求的数据，进而制造出一种很多人都需要该作品的“假象”，再用这种“假象”促进票价上涨、增加院线排片、黄金时段播放，影响更多本来需求并不明确的消费者的决策，由此产生了各种借助数据造假自我炒作的乱象。[②]

需求不确定，另外一个努力方向就是避免不确定，降低风险，尤其当创意产品的生产投入巨大时（比如影视），投资者就

---

① 参见［美］理查德 · E. 凯夫斯《创意产业经济学——艺术的商品性》，康蓉、张兆慧、冯晨、王栋译，商务印书馆 2017 年版，第 6—7 页。

② 曝光并产生一定社会影响的有：以《捉妖记》《叶问 3》为代表的票房造假、郭靖宇曝光电视剧产业收视率造假、以蔡徐坤为代表的流量注水、以王菲演唱会为代表的票价炒作等。

更需想方设法把控需求。于是，被称作“票房担当”的流量明星或有着一定受众基础的优质 IP，就自然成了创意产业最稀缺同时也最受重视的资源。[①] 不难理解，资源稀缺有两个后果，一是价格上涨，尤其是作为顶级资源的一线明星和爆款 IP。特别是近年来，我国创意产业的“产业”发展速度远远高于“创意”提升速度，当内在原创力匮乏，流量明星、大 IP、大制作就正好用来撑场面、补“肾虚”，这无疑进一步提升了明星和 IP 的需求量，成为“天价片酬”“天价 IP”等乱象滋生的温床。在这样的情况下，影视制作的经费投入恐怕会有很大一部分“烧”在请明星、买 IP 等资方主导环节，相较之下，在创意产业的真正核心即内容的内在创意上，投资反倒可能十分有限。由于经费使用结构不合理，钱虽花了不少，但真正的精品却不多，投入和产出不成正比的同时，更重要的是造成了近年来文艺创作中“追求奢华、过度包装、炫富摆阔，形式大于内容”的问题，影响到整个文化生态的整体风气。

资源稀缺的第二个后果就是助推了“流量造假”，尤其是近年来随着互联网发展，IP 或明星的流量效应通过点击量、转发量、阅读量等直观数据体现得更充分，相关数据造假手段也不断

① 当下的创意产业，会将所有的生产要素根据自带流量的情况，分为 S、A、B 三个等级，S（Super）级意味着自带超级流量，如果创作中有 S 级资源（IP 或明星）参与，那就会在生产和宣发的各环节给予最好的配套资源支持，冲击爆款。A、B 级的资源倾斜依次减少。

进化迭代，出现了买热搜、买粉丝、雇水军、刷流量、刷榜单等各种新兴数据造假产业链。与此同时，国内粉丝经济进一步成熟，成为粉丝、进入粉丝团，意味着要严格服从粉丝团的管理制度，每天定时定量完成控评、数据、轮博、投票、反黑、净化等一系列任务，这些任务十分枯燥乏味，但粉丝做起来大多心甘情愿。该现象自然有复杂的社会文化背景，但也必须承认，“爱他，就要为他做数据”在今天的文娱产业生态中，帮助偶像维持一线流量明星不可撼动的地位，在某种意义上确实是实用的“爱的表达”。①

总结一下，创意产业具有需求不确定的内在特征，在这种条件下，点击量、发行量、收视率、点击率、票房收入等方便量化的数据，难免充当衡量需求的参考，也进一步助推了数据造假行为和相关灰色产业的繁荣。这些数据造假行为，无论是放大了市场需求，还是制造了需求假象，都严重影响着文娱市场的供需调节。但必须看到，即使我们可以通过法律手段让各种造假灰色产业彻底消失，但只要让流量、票房、收视率等数据指标成

---

① 根据一份微博流量调查，开创国产电影票房纪录的《战狼 2》《流浪地球》男一号吴京的微博平均转发量约 2000，如果以此为微博流量单位“京”，那么无论是黄渤、沈腾、成龙等国民明星、老牌影帝，还是《人民日报》、央视新闻等权威媒体，微博转发量一般都在 0.2 京到 4 京的正常范围。但蔡徐坤、朱一龙、易烊千玺、王俊凯、王源等流量明星却可以做到，一个简单自拍、一句简单问候就引来高达 500 京的转发量（这些数据并非都是花钱造假，很多都是粉丝心甘情愿刷出来的）。参见卢诗翰《刷数据时代：不刷到 500 京，都不好意思打招呼》，新浪微博“头条文章”，2019 年 2 月 24 日，https://weibo.com/ttarticle/p/show?id=2309404343298683730922。

为首要评价标准的前提——过度市场化的产业生态存在，就不可能在根子上杜绝各种乱象，造假行为就必然会以各种形式继续存在。

三、创意产业需要多样性，仅靠市场配置资源，可能带来大众文化产品对小众文化形态的挤压

20 世纪末，面对全球化和美国文化的扩张，1993 年，法国在关贸总协定乌拉圭谈判回合中提出“文化例外”论（不能把文化产品和服务按一般商品对待），1999 年，在世贸谈判中又提出“文化多样化”，并在两次谈判中成功说服欧盟国家统一立场。文化多样性由此成为欧洲对外遏制美国霸权、对内治理文化生态的政策导向。

一个健康的文化生态和自然生态一样，对多样性有着一定要求。文化多样性不仅意味着艺术的试验场，个性的孵化器，许多民族、群体、社区的基本识别标志，更意味着我们以一种看似“冗余”和“低效”的方式，保存着面对各种潜在危机和未知困境的文化基因和资源。新世纪以来，保护文化多样性已成为我国重要的文化发展战略。[①] 但大众文化和消费主义的扩张，难

① 参见王文章、陈飞龙《非物质文化遗产保护与国家文化发展战略》，《求是》2007 年第 17 期。

免挤压小众文化的生存和发展空间。有着众多消费人群且可批量复制的大众产品获得市场青睐，艺术电影、独立游戏、独立书店、小众画廊、民间文艺等小众文化形态就难免遭遇生存危机了。

以独立游戏为例。独立游戏是相对于商业游戏而言的一种游戏制作行为。正如电影产业一样，大型游戏的开发需要实力雄厚的“金主”赞助，赞助者对作品有很大的决定权。在市场化语境下，赞助创意就如赌博。大部分赞助者还是希望降低投资风险，也更愿意尝试在已经经过市场检验的类型游戏上下注。比如第一人称射击游戏（FPS）、角色扮演游戏（RPG）、动作冒险类游戏（AVG）、益智休闲类游戏（PUZ）、沙盘游戏等。于是，游戏开发的无限可能性就被限定在几种既定的游戏玩法中，游戏视觉的无限创造力则被束缚在几套现成的视觉方案中。过度商业化大大扼杀了电子游戏作为第九艺术成长为一种可以承载个体表达和社会关怀的媒介之可能性。

正是在这样的背景下，独立游戏诞生了，成长在商业体制之外的独立游戏允许开发者制作自己想要的游戏。它们往往比商业游戏在创意上更大胆、更多元，也更能承载开发者的个性表达。无论是国外的《时空幻境》（*Braid*）、《我的世界》（*Minecraft*），还是国内的《风之旅人》《水晶战争》，都是独立游戏的成功案例。以《风之旅人》为例，在《风之旅人》中，玩家不再是民间或商业故事中经常出现的踏上屠龙征程的少年英雄，他将化身为一位漫无目的的无名旅者，在无边荒漠、幽深谷底、苍茫雪山中徘徊。当玩家在荒凉而平静的孤独中随机遇上另一位玩家，两者除了结伴而行外，并没有更多交互。但就是这种安静的“陪伴”，指向了一种非功利的社交形态，呈现了一种在当代社会已经十分罕见的另类人际关系。最终，玩家在雪山山顶重生回到起点，指引下一位迷途玩家。

不难想象，这场游戏体验虽然没有商业游戏中常见的激烈打斗、诱人奖赏、跌宕情节，甚至明确的游戏目标，但依旧能够以游戏的方式，将“旅途”“陪伴”这样的古老主题，以不乏思想性和艺术性的方式，诠释得淋漓尽致。但《风之旅人》这种能够做得出来且获得广泛承认的独立游戏毕竟是极少数，更多的创意、表达、天才、个性很可能在它生长出来、存活下来之前，就已经被巨头垄断的市场和其实更青睐“套路”的创意产业游戏规则淘汰了。“独立游戏依然是整个游戏产业中最为脆弱的一环。没有资金、没有品牌、没有粉丝团、没有新锐的技术；开发成本稍微超出预算就有可能‘没米下锅’，独立游戏的事业仍是困难重重。”①

---

① 苑心怡：《独立游戏现状及未来发展可能性研究》，硕士学位论文，南京艺术学院，2015 年。

图 3-2 《风之旅人》游戏截图

必须看到，尽管整个文化产业更加亲近更有市场保证的头部“大佬”，但并非所有的玩法都与“小众”“小微”保持疏离。尤其自互联网经济发展以来，小众、垂直反倒成了内在于产业版图的重要赛道。以快手为例，快手一度奉行“坚持价值观做产品”的理念。它将经济学用来衡量居民收入差距的指标“基尼系数”引入推荐算法，在数据已经和土地、劳动力、资本、技术并列为生产要素的当下，借助内嵌“普惠”价值的推荐算法，让流量惠及更多群体，让更多人得以被看到，从而成就了它以“下沉”和“长尾”著称的内容生态。丰富而多元的内容就在这个下沉的长尾区生长起来，助推快手崛起之同时，也让它找到了区别于其竞争对手的自身定位。但 2019 年以来，快手为应对同类产品的快速增长，尤其是面对巨大的财报压力，也不得不调整战略，开始向更能给公司带来收益的“头部”大号示好，并营造相较从前更有利于其发展的内容生态环境。看来，在一个弱肉强食、优胜劣汰的竞争环境中，我们是很难寄希望于通过市场规律自身来孕育文化多样性的。

第四节　在意识形态上，文艺工作者受到市场经济过度影响，迷失了方向

市场如果要在生产资料的配置中发挥作用，需要与其配套的意识。其中有两个根本意识，一是对物质的追求，二是对个体的肯定。劳动力主体只有对物质有所追求，市场的逐利性才能发挥作用。个体有可能获得肯定，与现代市场运行配套的契约精神和多元文化才能有所发展。不难理解，如果一个人有着对金钱和个人价值的双重渴求，那么他就具备在市场中从事生产的基本动机和部分基本素质，市场的配置也才有可能对这样的生产要素产生实际效果。

食、色，性也，万物殊理。即便不需要发展市场经济，肯定欲望和个体权利在更普遍的“正义”意义上，也是十分重要的。但问题是，人性的内在缺陷——无论是东方智慧中的“贪”“我”，还是西方文化中的“贪婪”“利己”，在过度市场化的环境中都可

能被进一步催化、放大，对物质的合理追求可能发展为拜金主义、享乐主义，有悖理想主义、艰苦朴素的革命传统；对个体的合理肯定可能走向个人主义乃至极端个人主义，有悖集体主义、爱国主义的社会主义核心价值观；等价交换、讨价还价的市场行为可能走向凡事谈钱、以利衡量的功利主义，有悖不求回报、无私奉献的优良传统。①

如果这些变化发生在文艺工作者身上，那么艺术理想就难以坚守。正如习近平总书记所言："我同几位艺术家交谈过，问当前文艺最突出的问题是什么，他们不约而同地说了两个字：浮躁。一些人觉得，为一部作品反复打磨，不能及时兑换成实用价值，或者说不能及时兑换成人民币，不值得，也不划算。"② 这样一来，从事精神生产的劳动力首先变质，那么其产品质量也难以保障，从生产"精神快餐"到生产"精神垃圾"，上述文艺创作中的问题也就在所难免了。除了产品质量受到影响，艺术家的个人形象也难以维持。在享乐主义的作用下，吸毒、嫖娼、出轨屡见不鲜；在拜金主义的支配下，偷税漏税、金融投机很难杜绝；在极端个人主义的影响下，不顾集体利益、行业生态、社会稳定、国家大

---

① 参见《习近平新时代中国特色社会主义思想三十讲》，第十九讲"建设具有强大凝聚力和引领力的社会主义意识形态"第二部分"意识形态领域形势依旧复杂，挑战依旧严峻"中关于"社会主流价值遭遇市场逐利性的挑战"的论述，学习出版社 2018 年版。

② 习近平：《在文艺工作座谈会上的讲话》，http：//www.xinhuanet.com/politics/2015-10/14/c_1116825558.htm?z=9。

局的各种行为也时有发生；在功利主义的奴役下，包括艺术生产在内的所有行为都可能沦为求名求利、个人发家的手段和途径。

这些劣行不仅发生在产业中，也会影响本该立足公益的文艺事业。譬如，花钱买权威认证→身价上涨→赚到更多钱、认识更多人→认证等级提升→身价再涨……尤其在以书画为代表的文艺行业，这样的因果链已经成为权威认证活动及拥有认证资格的有关部门及其工作人员和市场行情正向互动的常态。又如，有些文艺工作者参与公益性活动并非出于公心，尤其在娱乐圈劣迹不断被曝光、有些已引起公愤的当下，参加志愿活动已经成为某些艺人掩盖或洗白其市场劣迹、塑造或重塑其公众形象的手段，因为正面的公众形象可以降低其参与制作的产品下架、撤档、封禁的风险，可以避免投资损失，可以获得资方青睐，可以保证在产业中发展的底线。此类种种，不再赘述。

本章我们主要依据近年来文艺创作中的主要问题，结合电视剧、书画、文学、影视、游戏、直播等创意产业中较为突出的情况，讨论了在市场配置艺术生产资源的过程中，因为资源配置机制上的部分内在特征，造成艺术创作中的各种问题。这些问题，有的发生在市场机制的导向层面，有的发生在市场机制的自身层面，有的发生在市场与艺术生产结合的层面，有的发生在支持市场机制的意识形态层面。它们有些能借助健全的法律体系、完善的市场机制缓解，有些则须依靠宏观调控甚至硬性手段，才能较快步入良性发展的轨道。

第四章

新时代我国文化产业的重要变化

第一节　总要求：把社会效益放在首位、实现社会效益和经济效益相统一

改革必须坚持正确方向，既不走封闭僵化的老路、也不走改旗易帜的邪路。我们要把完善和发展中国特色社会主义制度、推进国家治理体系和治理能力现代化作为全面深化改革的总目标，勇于推进理论创新、实践创新、制度创新以及其他各方面创新，让制度更加成熟定型，让发展更有质量，让治理更有水平，让人民更有获得感。①

在庆祝中国共产党成立95周年大会上，习近平总书记在讲到全面深化改革时，总结我国改革开放经验，做出上述要求。党的十八大以来，文化领域全面深化改革，一方面“不走封闭僵化

① 习近平：《在庆祝中国共产党成立95周年大会上的讲话》，http：//cpc.people.com.cn/n1/2016/0702/c64093-28517655.html?_ad0.3222724264487624。

的老路”，文艺的商品属性进一步得到肯定。正如上文所述，文化生产的市场主体越发强大，大众文化越发得到认可和接受，文化产业成为国民经济新亮点，为满足人民群众丰富的精神文化需要作出了突出贡献，成为新时代文艺的重要组成部分。我们越发认识到，无论是对于实现民族复兴的中国梦、建设社会主义文化强国，还是坚定文化自信，与国际接轨的、成熟的、强大的文化产业都必不可少。

另一方面，文化体制改革坚持“不走改旗易帜的邪路”，文化的意识形态属性获得高度重视。一是“牢牢掌握意识形态工作领导权”要求在集中精力进行经济建设的同时，必须一刻也不放松和削弱意识形态工作；广播电视、新闻出版、社科理论、文化艺术单位，传统媒体和新兴媒体，都要自觉服从党的领导，决不允许有“特殊成员”和“舆论飞地”，文化生产必须摆正经济效益和社会效益的位置，即使要发展商品属性，也首先要服从意识形态工作的需要。二是“五位一体”总体布局在“实现什么样的发展、怎样发展”这一重大战略问题上，对中国特色社会主义现代化建设各方面协调发展做出更系统、全面的要求，经济建设必须和文化等领域的建设协调发展，必须统筹发展文化的商品属性和意识形态属性。三是“总体国家安全观”提出了更系统的安全观念，“文化安全”与“政治安全”“国土安全”“军事安全”等安全观一同构成更完整、更系统的国家安全体系，文化生产必须考虑与文艺的意识形态属性密切相关的思想斗争和文化入侵问题，除了被置于国民经济之下，也应被置于国防经济之下来考量。

在“坚持和发展中国特色社会主义”这篇大文章中，在“不走老路”和“不走邪路”的总要求下，文艺的商品属性和意识形态属性在新时代同时获得高度重视。一方面，要发展文艺的商品属性，让市场在生产资源配置中发挥决定性作用，更好地发挥政府作用；另一方面，要发挥文艺的意识形态属性，认识到在社会思想意识复杂多样、相互交织的当下，意识形态斗争的严峻性，必须在意识形态工作中发挥好文艺“以文化人、以文育人、以文培元”的功用，在精神文明建设中发挥好文艺“用明德引领风尚”“启迪思想、陶冶情操、温润心灵”的作用。

必须看到，文艺的意识形态属性和商品属性在很多情况下确实可以并行不悖地发展——满足人民群众的精神文化需要、为老百姓所喜闻乐见，不仅是带来经济效益的前提，也是产生社会效益的前提；而传播正能量、树立新风尚，不仅是社会效益的要求，也是每一个追求经济效益的市场主体实现其长期可持续发展和企业更高价值的必由之路。但我们也必须看到，社会效益和经济效益并非永远不会发生矛盾。正因如此，文艺事业在改革开放以来，才会在创作上、人才上和整体风气上产生诸多问题。

必须看到，强调正确处理社会效益和经济效益的关系，一直伴随着推动市场在文艺生产资源的配置中发挥作用的进程。在1979年第四次文代会上的祝词中，邓小平就提出文艺工作者要“认真严肃地考虑自己作品的社会效果，力求把最好的精神食粮贡献给人民”。不过由于当时文艺生产整体还处于计划机制下，尚不存在明显的“经济效益”问题。在文艺生产开始向市场化转轨时，邓小平又及时指出：“思想文化教育卫生部门，都要以社会效益为一切活动的唯一准则，它们所属的企业也要以社会效益为最高准则。”[①] 在市场化进程刚开始不久，就做出社会效益才是衡量文化产品的最高准则的先知警醒。1996 年，十四届六中全会通过的《中共中央关于加强社会主义精神文明建设若干重要问题的决议》则明确提出“文化产品具有不同于物质产品的特殊属性，对人们的思想道德和科学文化素质有重要影响。要坚持把社会效益放在首位，力求实现社会效益和经济效益的最佳结合”。2011 年，以深化文化体制改革为主要议题的十七届六中全会又再次重申，坚持把社会效益放在首位、社会效益与经济效益相统一。

进入新时代，习近平总书记总结党的历届领导人在处理社会效益、经济效益问题上的经验时提出：“同社会效益相比，经济效益是第二位的，当两个效益、两种价值发生矛盾时，经济效益要服从社会效益，市场价值要服从社会价值。”[②] 在历届领导人强调社会效益的基础上，进一步公开、明确提出，“两效”矛盾时

① 《邓小平文选》第三卷，人民出版社 1993 年版，第 145 页。

② 习近平：《在文艺工作座谈会上的讲话》，http：//www.xinhuanet.com/politics/2015-10/14/c_1116825558.htm?z=9。

应如何取舍。这一要求遵循了中国特色社会主义文艺理论的内在理路，更针对我国文艺事业在发展中已经遇到、正在经历和可能加剧的问题，为完善和发展新时代文艺市场制度，推动文化生态治理体系和治理能力现代化指出了总方向。

第二节　“双效统一”总要求对新时代文艺生产的重大影响

自党的十八大以来，尤其自 2014 年 10 月 15 日文艺工作座谈会以来，我国的文化产业、创意产业发生了巨大的变化，主要集中表现在以下四个方面。

一、在体制改革上，推动以“双效统一”为方向的文化体制改革

在“双效统一”总要求下，文化企业纷纷开展体制、机制改革，从绩效考评到重点产品，都更加注重“社会效益”。2015 年 9 月，中共中央办公厅、国务院办公厅印发《关于推动国有文化企业把社会效益放在首位、实现社会效益和经济效益相统一的指导意见》(以下简称《意见》)，强调要正视文化产品的特殊性，对

企业“社会效益”提出了绩效考核权重应占50%以上的硬指标要求，对企业践行“社会效益”提出了财政税收等措施上的硬保障要求。比起以往仅仅大而化之地要求“社会效益”，通过各种实际手段让企业减少经济负担、轻装上阵，在注重落实上，可谓大大进了一步。[①] 在《意见》总要求下，各地国企纷纷探索可量化、可操作的社会效益考核指标，部分试点已见成效。[②]

在国企改革的影响下，民营企业也竞相出台措施。近年来，民营内容产业的一大变化就是不再紧盯“头部”爆款，而是将目光移向“腰部”产品的开发，为内容从“吸睛”的束缚下解放、朝创意本身回归提供了空间。[③] 在这样的产业结构调整下，各大平台纷纷倾斜资源，扶持包括现实主义和小众题材在内的多样内容

---

① 例如2018年，国务院办公厅印发《文化体制改革中经营性文化事业单位转制为企业的规定》和《进一步支持文化企业发展的规定》，规定经营性事业单位转制为企后5年内免征企业所得税。2018年12月31日前已完成转制的企业，自2019年1月1日起可继续免征5年企业所得税，“文化体制改革综合配套政策”再延5年。

② 例如，中南出版传媒集团出台专门的考核办法，突出强调社会效益、降低经济指标要求。中国出版集团制定了社会效益考核的“四个一级指标”（坚持正确导向、履行国家使命、扩大文化影响与加强制度队伍建设）。北京、上海、安徽等7个地区的出版社，分领域开展社会效益评价考核试点工作。例如安徽省不断探索“双效”绩效考核机制，坚持正确导向指标不设分值，出现严重问题实行“一票否决”，文化企业负责人薪酬与社会效益同升同降等。参见周玮《激发文化创造活力　向着社会主义文化强国迈进——党的十八大以来文化体制改革成果述评》，新华社，2017年7月23日，http://www.xinhuanet.com//politics/2017-07/23/c_1121365692.htm。

③ 参见秦兰珺《2018：网络视听的潮落潮起》，《艺术广角》2019年第2期。

发展，出现了一批社会效应较明显的作品。[①] 值得一提的是，2018年，爱奇艺、优酷关闭前台播放量显示，启用新的综合评价指标，体现了民营龙头企业身先士卒、扭转“唯流量论”的决心。

二、在管理上，重拳出击治理乱象，助力行业步入有序发展轨道

一系列政策的出台、有力执行，为文艺产业步入良性发展轨道营造了政策环境。一是管理职能更加明确。中央机构改革，电影、电视剧、网络视听、网游等当下最具影响力的文艺行业在各部委的管理职能中进一步明确。二是政策出台准确及时。中宣部等五部委联合发文抑制天价片酬、《关于进一步规范网络视听节目传播秩序的通知》等系列政策，进一步加强了行业管理。三是管理措施执行有力。约谈、整改、下架、永久关闭问题产品等“组合重拳”有效规范了文艺产品的生产传播。其中，针对天价片酬、偷税漏税、“饭圈”乱象的治理尤其值得注意。

---

① 例如，阅文集团举行现实题材网络文学征文大赛，通过 IP 运营，打造现实主义创作典型。晋江文学城开启“关爱冷题材”功能，给内容质量较高但数据相对较差的题材以更多推广。爱奇艺重点打造纪录片《讲究》，展现中华优秀传统文化，传播工匠精神。腾讯倾力打造电影《那年 1987》，通过个人奋斗故事展现改革开放历程；出品纪录片《扶贫 1+1》《我们身边的四十个细节》，都是配合脱贫攻坚、庆祝改革开放 40 年等重大宣传主题的优秀作品。优酷则重点推出了改革开放 40 周年献礼纪录片《中国：变革故事》，传播中华工匠精神的《了不起的匠人》也连续制作播出了四季，已经成为网络纪录片的标杆。

(一)“天价片酬”和“偷税漏税”治理

天价片酬问题已久，有业内人士公开表示，2016年，一、二线演员的片酬增长了近250%，一部成本3亿元的电视剧，明星拿走2亿元片酬。相关数据显示，部分国内演员的片酬甚至已达到影视剧全部成本的50%到80%。2017年9月，国家新闻出版广电总局、发展改革委、财政部、商务部、人力资源和社会保障部联合下发《关于支持电视剧繁荣发展若干政策的通知》，明确“建立和完善科学合理的电视剧投入、分配机制……严禁播出机构以明星为唯一议价标准”[①]，并对演员片酬做出了“全部演员的总片酬不超过制作总成本的40%，其中，主要演员不超过总片酬的70%，其他演员不低于总片酬的30%”[②]的具体规定。尽管我国对影视演员的薪资比例有明确规定，但实际操作时往往“上有政策、下有对策”，所谓的“限薪令”很难起到真正“限薪”的效果。

那么，明星真的就值那么多钱吗？原来，文化市场是一个天然具有高不确定性的行业，一些资方为了规避风险，在立项时，都会选择“大IP+流量明星”的配置，认为只要成功拿下IP和

---

① 《关于支持电视剧繁荣发展若干政策的通知》，https：//www.gov.cn/xinwen/2017-09/04/content_5222486.htm。

② 《关于电视剧网络剧制作成本配置比例的意见》。

流量明星，就可以跟电视台和视频播放平台谈到一个优厚的购剧价格。虽然从市场逻辑来看，明星片酬貌似一个纯粹市场问题，但在总资源有限的前提下，倘若演员片酬多了，就势必会挤压制片方在编剧、导演、摄像、场景、道具、服装、化装、特效等多个工种上的开销。进而因陋就简，加大了粗制滥造的风险，引发作品“重流量、重明星、轻制作、轻质量”的问题，对文化产品、电影电视作品的文化品质产生不利影响。

2018 年 6 月，文艺界“天价片酬”“阴阳合同”等屡禁不止的乱象被曝光，在社会上掀起轩然大波。[①] 同月，在中宣部牵头下，五部委发文联合治理影视业天价片酬。7 月，国家税务总局印发通知，要求各级税务机关加强影视行业税收征管，规范税收秩序，积极营造支持影视行业健康发展的良好税收环境。[②] 明星们自查申报税款 117.47 亿元。可见演艺行业的偷逃税行为并非个案，且手段花样百出。8 月，爱奇艺、优酷、腾讯视频三家网站联合六大影视制作公司针对天价片酬发出联合声明，呼吁共同营造良好的影视文化创作氛围。2019 年 2 月，电影划归宣传系统后的第一次电影工作座谈会召开，其重要议题之一就是天价片酬、阴阳合同现象及其暴露的“明星资本化”等影视产业发展

---

① 据媒体爆料，某艺人拍摄电视剧《倩女幽魂》片酬为 1.6 亿元，按工期 77 天算，平均日薪高达 208 万元。“一爽 =1.6 亿，爽一天 =208 万”的说法就此流传开来。

② 参见《国家税务总局要求各级税务机关加强影视行业税收征管》，https：//m.xinhuanet.com/2018-07/13/c-1123123727.htm。

中的深层问题。2022 年 8 月，国家广播电视总局发布《广播电视和网络视听节目制作经营管理规定（征求意见稿）》(以下简称《管理规定》)，明确从事节目制作经营活动的机构，应合理确定节目制作成本配置比例和主创人员片酬额度，着力提高节目质量，形成主创人员片酬与节目社会效益和经济效益相挂钩的片酬结构体系。[①]

在官方重拳治理和行业的积极响应下，在全社会舆论监督和文艺界共同努力下，虽“明星资本化”等根本问题仍有待解决，但“天价片酬”的情况得到一定改善。根据爱奇艺官方透露，2019 年年初，顶级演员出演一部剧的最高限价是 5000 万元，而以前曾超过 1.5 亿元，整顿后降到了三分之一，内容制作成本明显降低。部分艺人还身体力行，支持限薪令，比如，王菲在拍摄综艺节目《幻乐之城》时，主动退还了超额的 9000 万元薪酬，舒淇等录制完《中餐厅》后，也主动退还了超额的薪酬共计 4000 万元。

“运动式”治理固然成效显著，但需要认识到的是，天价片酬、偷税漏税只是明星过度资本化的表面现象。如果病灶长期潜隐存在，症候也必然在短期内难以消除。以偷税漏税为例，2018 年重拳整治以来，明星、网红作为高收入、高税收群体，依旧会

① 参见《广播电视和网络视听节目制作经营管理规定（征求意见稿）》，http://www.nrta.gov.cn/art/2022/8/8/art_158_61166.html。

为了逃避最高 45% 的个人所得税，在巨大的利益驱动下顶风作案、铤而走险，通过转化收入性质（比如通过成立工作室，将个人劳务报酬转换为个人独资企业的经营所得）、拆分合同等各种“套路”逃避依法纳税的公民责任。尽管同行“前科”累累，民众声讨滔滔，明星、网红偷税漏税的丑闻依旧时有发生，涉及金额更是动辄上亿元乃至十几亿元，数额之巨大、手段之多样，令人叹为观止。

为何明星偷税漏税在组合重拳之下依旧屡禁不止？正如马克思在《资本论》中说的那样：“一旦有适当的利润，资本就胆大起来。如果有 10% 的利润，它就保证到处被使用；有 20% 的利润，它就活跃起来；有 50% 的利润，它就铤而走险；为了 100% 的利润，它就敢践踏一切人间法律；有 300% 的利润，它就敢犯任何罪行，甚至冒绞首的危险。”[①] 只要巨大的好处存在，即使“天价片酬”暂时消停，偷税漏税恐怕也难杜绝。必须看到，这些乱象只是明星过度资本化、娱乐过度资本化背景下的冰山一角。规范文化市场、加强文艺从业者职业道德的事业，依旧任重道远。

---

① 中共中央马克思恩格斯列宁斯大林著作编译局编译：《马克思恩格斯文集》（第五卷），人民出版社 2009 年版，第 871 页。

（二）“饭圈”乱象治理

主流舆论对于“粉丝经济”的积极意义一直以来都有着充分认识，对于追星活动在青少年成长中的功能，也不乏积极的肯定。比如，2019 年，“帝吧网友”和“饭圈女孩”携手出征，应援“阿中哥哥”这一被“人设化”的祖国，“饭圈”女孩不仅以网生代的方式表达了爱国情绪，更在这个过程中展现了高度的组织性、纪律性和文明性。[①]2020 年年初武汉疫情期间，当很多慈善机构买不到防疫物资、买到了也解决不了当地的物流问题时，训练有素的“饭圈”则以极高的效率，克服重重困难完成从募款、采购到送货的全流程，把防疫物资送到一线抗疫人员的手中。[②]“饭圈”的各种活动，在某种意义上确实充当了当代中国青年参与公共事务的能力之培养机制，对于青少年之成长不无积极价值。更何况，“一些明星为灾区捐款，投身留守儿童资助、图书馆援建等公益项目，带动大批粉丝参与其中；有的明星倡导中华优秀传统文化，点燃粉丝学习热情；有的粉丝群体在偶像带动下植绿护绿，以行动保护生态环境……粉丝和偶像明星形成良性

---

① 参见《守护最好的阿中！饭圈女孩出征“开撕”香港示威者》，“共青团中央”百家号，2019 年 8 月 15 日，https://baijiahao.baidu.com/s?id=1641948890982985453&wfr=spider&for=pc。

② 参见何小平、巩文森《当饭圈女孩冲上抗疫战场》，澎湃新闻，2020 年 3 月 23 日，https://m.thepaper.cn/baijiahao_6646110。

互动，既创造出多彩的娱乐景观、形成了丰富的文化生态，也传递着美好与温度”①。

但近年来，随着泛娱乐资本的无序扩张，粉丝的“数据劳动”和“数字劳动”已经成为无良资本的剥削和压榨对象。一个重要的变化就是，此前一个人对明星的喜爱往往与其作品相关，但以“明星新媒体数据榜单”为代表的榜单机制，却鼓励人们单纯关注明星在网络平台上的“热度”，且这些常常被当作“人气”风向标的数据排行，又往往与该明星的具体作品没有直接关系。正是在这一全新“游戏规则”的主导下，粉丝一旦认识到自己的“数据劳动”可能左右到偶像的前途，就会产生“长时间、自发性、群体性、免费性、重复性的数据劳动”，为网络平台源源不断地输送免费流量。不难想象，这种打榜、投票活动的劳动强度不仅远远超出普通娱乐消费，很多还需要粉丝付出远超其经济负担能力的真金白银。网综《青春有你第三季》中，“粉丝打榜投票倒奶事件”（粉丝为给自己的偶像打榜、投票，购买赞助商品牌牛奶，扫描瓶盖内的二维码，牛奶则直接倒掉）被成箱倾倒的牛奶，不过是这一畸形数据劳动位于前端的物质象征而已。

应援打榜、刷量控评、互撕谩骂、人肉搜索，多种“饭圈”

---

① 许菲：《追星需要理性，“饭圈”应有底线》，“人民日报评论”微信公众号，2023年8月9日。

乱象的病灶，其实是一个不剥削粉丝的“数字劳动”便无法盈利，不在粉丝之间挑起战争便无法良好运转的娱乐资本体系。“‘流量经济’的无序扩张、大数据技术与推荐算法的滥用、互联网资本对网民‘数字劳动’的敲骨吸髓，以及女性群体‘制度性情感支持’的缺失等诸多引人深思的复杂症候”[①]和多个主体，共同促成了以“饭圈”命名的“饭圈乱象”。与此同时，近年来各种各样的“偶像塌房”事件又层出不穷。众多曾经有着完美精致人设的偶像，纷纷因为强奸、精日、嫖娼、漏税等丑闻，一夜之间跌下神坛。必须看到，偶像之所以那么容易“塌房”，是因为偶像所建之“房”，本就是由经纪公司的渲染包装与粉丝的情感劳动共同砌成的。作为一件用外力打造、靠外需塑造的“商品”，“人设”需要调动粉丝的消费欲望，就必须光鲜亮丽，但倘若没有内里支撑，再完美的人设也经不住时间检验、难逃崩塌命运。但讽刺的是，即便如此，面对着“偶像塌房”的事实，小部分粉丝依旧坚信“哥哥是被害的”，甚至以一种“哥哥身边只有我了”的矢志不渝，继续想象自己与偶像间新一轮的情感互动。[②]

近年来，从中央网信办开展“清朗·‘饭圈’乱象整治”专

---

① 高寒凝：《“数字劳工”们的战争：“饭圈”乱象与互联网时代的偶像工业生产机制》，《文艺理论与批评》2022 年第 4 期。

② 参见吴畅畅、顾明敏《偶像“塌房”与大众文化的精神政治学分析》，《文艺理论与批评》2023 年第 3 期。

项行动，发布《关于进一步加强“饭圈”乱象治理的通知》，提出取消明星艺人榜单、优化调整排行规则、严管明星经纪公司等十项措施，到发布《国家广播电视总局办公厅关于进一步加强文艺节目及其人员管理的通知》，开展网络综艺节目专项排查整治工作，要求严格控制偶像养成类节目，坚决抵制追星炒星、泛娱乐化等不良倾向和“流量至上”、拜金主义等畸形价值观，再到中央宣传部印发《关于开展文娱领域综合治理工作的通知》，就进一步持续整治“饭圈”乱象做了专门部署，有关部门重拳出击，多管齐下，整治“饭圈”乱象。[①] 比如，“清朗·‘饭圈’乱象整治”专项行动开展以来，截至 2021 年 8 月 6 日，两个月间累计清理负面有害信息 15 万余条，处置违规账号 4000 余个，关闭问题群组 1300 余个，解散不良话题 814 个，拦截下架涉嫌集资引流的微信小程序 39 款。

在有关部门带动下，各大平台也纷纷发布整治“饭圈”乱象的公告。比如，“快手黑板报”微信公众号 2021 年 7 月 31 日称，快手自 6 月 15 日起对“饭圈”乱象开展专项整治，全面清

---

① 参见《关于进一步加强“饭圈”乱象治理的通知》，http://www.cac.gov.cn/2021-08/26/c_1631563902354584.htm；《国家广播电视总局办公厅关于进一步加强文艺节目及其人员管理的通知》，https://www.gov.cn/zhengce/zhengceku/2021-09/02/content_5635019.html；《关于开展文娱领域综合治理工作的通知》，http://v.people.cn/n1/2021/0902/c61600-32216040.html；《文化和旅游部关于文娱领域综合治理和“饭圈”乱象专项整治工作安排》，https://www.gov.cn/xinwen/2021-09/09/content_5636513.htm。

理有害信息和内容，抵制“饭圈”不良风气，重点整治“诱导未成年人无底线追星”行为，切实营造清朗网络空间，共处置违规视频 290 条，违规账号 110 个。抖音也表示，自 2021 年 6 月开始，两个月以来，抖音针对粉丝互撕谩骂、未成年人应援打榜等行为，排查清理违规视频 7864 条；评论场景中，抖音清理互撕谩骂、挑动对立、刷量控评相关评论内容 241.9 万条，其中处理诱导打榜评论 80.5 万条、互撕谩骂评论 57.2 万条、刷量控评评论 55.5 万条。①

必须看到，这些整治措施的目标不是“饭圈”本身，而是裹挟了“饭圈”和娱乐产业的无良资本。它们无视社会责任，在当下中国“饭圈”串起了“偶像—粉丝—商业平台—娱乐经纪—营销机构—广告商—厂家”各个利益集团，无所不用其极收割大量粉丝特别是未成年粉丝的“钱袋子”。“饭圈”治理不仅是“本着对社会负责、对人民负责的态度，依法加强网络空间治理、加强网络内容建设”的重要举措，更是在新时代处理好文艺与市场关系的重要挑战。

---

① 参见薛鹏、管筱璞《整治“饭圈”乱象》，中央纪委国家监委网站，2021 年 8 月 5 日，https://www.ccdi.gov.cn/toutiaon/202108/t20210805_146777.html。

三、在治理创新上，积极出台针对新现象、新问题的政策和措施

习近平总书记在 2016 年 4 月的网络安全和信息化工作座谈会上的讲话中强调，要“增强互联网企业使命感、责任感，共同促进互联网持续健康发展”。2023 年 7 月，习近平总书记又对网络安全和信息化工作作出重要指示，提出网信工作要承担起“举旗帜聚民心、防风险保安全、强治理惠民生、增动能促发展、谋合作图共赢的使命任务”。

必须看到，近年来，国家治理和网信工作面临着一个新情况，即网络平台的崛起。崛起的平台给市场结构和秩序带来了重要变化，既挑战了原有的市场秩序，又依托其技术和整合能力，成为新秩序的制定者和维护者。[①] 有学者将资本和技术联姻下垄断性网络平台的权力称为“超级权力”，它是一把双刃剑，既创造了巨大的社会福利，谋求了超级利润，同时也因为权力的失衡和治理能力的严重不对称，带来了极大的社会治理问题，甚至冲击了国际政治和国际秩序，对网络平台“超级权力”的监管已成为全世界的治理难题。[②] 必须看到，很多网络平台也是内容平台，

---

① 参见江小涓、黄颖轩《数字时代的市场秩序、市场监管与平台治理》,《经济研究》2021 年第 12 期。

② 参见方兴东、严峰《网络平台“超级权力”的形成与治理》,《人民论坛 · 学术前沿》2019 年第 14 期。

它们是新时代文艺（尤其是以网络文学、网络剧、网络综艺、网络表演、短视频等为代表的网络文艺）生产、传播、消费的重要参与者，也是当下娱乐文化生态的重要塑造者。尤其对于倾向于“平台垄断”格局的网络内容产业，某个“头部”平台之规章制度、游戏规则、内容算法、运营策略很容易对相关领域产生整体而深远的影响。

正是在这样的背景下，我国将平台治理和技术治理作为健全国家治理体系、提升治理能力的一个重要内容，尤其是近年来出台了一系列相关政策、法规、行业呼吁。在平台治理上，2019年8月，《国务院办公厅关于促进平台经济规范健康发展的指导意见》(以下简称《意见》）发布，从国家层面对平台经济发展做出了指导。在监管方面，《意见》提出要科学合理界定平台责任。一方面，明确平台在经营者信息核验、产品和服务质量、平台（含 App）索权、消费者权益保护、网络安全、数据安全、劳动者权益保护等方面的相应责任；另一方面，也指出要强化政府部门的监督执法职责，不得将本该由政府承担的监管责任转嫁给平台。[①] 在算法治理上，2021年，首届中国网络文明大会数据与算法论坛上发布了《互联网信息服务算法应用自律公约》，从

① 参见《国务院办公厅关于促进平台经济规范健康发展的指导意见》，https：//www.gov.cn/zhengce/content/2019-08/08/content_5419761.htm。

行业自律的角度提出算法要践行社会主义核心价值观。[①] 算法自律自此成为智能化时代治理创新的重要探索之一。[②]2021 年 12 月，国家互联网信息办公室、工业和信息化部、公安部、国家市场监督管理总局出台了《互联网信息服务算法推荐管理规定》，对“具有舆论属性或者社会动员能力”的算法推荐服务提供者提出了算法备案的要求。[③]2022 年 8 月，算法备案制度落地，网信办首次公布的 30 条算法备案信息中，抖音、快手、微博、优酷等平台的推荐、热搜等算法都直接与当下的文艺文化生态紧密相关。当生成式人工智能到来之际，2022 年 12 月，网信办、工信部、公安部又在第一时间发布了《互联网信息服务深度合成管理规定》，2023 年 7 月，七部委联合发布《生成式人工智能服务管理暂行办法》，针对生成式人工智能和“人工智能生成内容”的新业态，出台了新的监管条例，再次对“具有舆论属性或者社会动员能力”的深度合成服务提供者提出了算法备案的要求。[④]

---

① 参见《中网联联合 105 家单位共同发起〈互联网信息服务算法应用自律公约〉（附全文）》，https：//m.thepaper.cn/baijiahao_15510780。

② 参见朱军《算法自律——智能化时代的创新治理探索》，光明网，2021 年 11 月 20 日，https：//m.gmw.cn/2021-11/20/content_1302686836.htm。

③ 参见《互联网信息服务算法推荐管理规定》，https：//www.gov.cn/zhengce/2022-11/26/content_5728941.htm。

④ 参见《互联网信息服务深度合成管理规定》，http：//www.cac.gov.cn/2022-12/11/c_1672221949354811.htm；《生成式人工智能服务管理暂行办法》，https：//www.gov.cn/zhengce/zhengceku/202307/content_6891752.htm。

以微博热搜算法的算法治理为例。“微博热搜”是新浪微博推出的一项应用，显示的是该平台在一定时间段内被大量搜索和关注的热点词汇或热点事件。“热搜榜”会实时显示50条热搜内容，并按搜索量进行排名（每分钟刷新一次）。由于新世纪以来，新浪微博在很大程度上充当了网络时代国民“舆论广场”的功能，微博热搜榜确实在很大程度上反映了用户最新关注的热点信息。“上热搜”已经成为公众尤其是年轻人，判断某事、某人是否有热度的重要依据。

由于缺乏有效的监管，许多娱乐公司通过与微博官方置换资源，或从微博直接购买的方式，对热搜榜进行人工干预。此外，还出现了通过第三方代理“买热搜”的“灰市”，只要钱花到位，热搜排位就能更靠前，上榜时间也能更长。明码标价换来的热搜信息，不仅占据了本来与其不匹配的公共资源，也对舆论生态产生了不良导向。2018年1月，北京网信办约谈微博，针对该企业持续传播炒作导向错误、低俗色情、民族歧视等有害信息，责令其整改。问题比较集中的热搜榜、热门话题榜、热门微博榜等功能下线。一周后重新上线时，热搜榜与此前相比，少了明星八卦、恶俗炒作，多了正能量内容。首先，榜单不再仅仅根据算法排序，而是增加了人工干预、筛选。其次，微博还升级了技术防刷体系，对存在作弊特征的行为，系统会实时进行识别、拦截，每天约有40%的热搜词被系统识别为流量异常而不能上榜。最后，微博还加大了对刷榜行为的处理力度。

通过平台治理和算法治理，微博热搜乱象获得暂时改善，但是也引发了人们关于互联网平台监管的讨论。一方面，互联网平台企业具备其他监管主体无法比拟的技术优势、信息优势和管理便利，确实应该承担起监管共治的社会责任。另一方面，也应在监管问题上，"科学合理界定平台责任"，网络平台并非法律上的"网络警察"，如果承担超负荷的、客观执行上存在较大困难的审核义务，也不利于行业的健康发展。[①] 如何界定政府、平台、社会组织、广大网民等主体在维护网络安全上的权责义务，如何在具体的监管实践中平衡四方利益诉求，依旧是一个重大的时代课题。

四、在队伍建设上，加强文艺界行风建设，团结"文艺两新"

习近平总书记 2014 年 10 月 15 日在文艺工作座谈会上指出："文艺工作者要自觉坚守艺术理想。""除了要有好的专业素养之外，还要有高尚的人格修为，有'铁肩担道义'的社会责任感。在发展社会主义市场经济条件下，还要处理好义利关系，认真严

① 参见贾世奇《互联网内容创新与监管的博弈——以新浪微博社区管理为例》，载高宏存、孙鸿炜、刘颖、张晓丹等著《数字经济与网络内容治理案例研究》，社会科学文献出版社 2022 年版。

肃地考虑作品的社会效果，讲品位，重艺德，为历史存正气，为世人弘美德，为自身留清名，努力以高尚的职业操守、良好的社会形象、文质兼美的优秀作品赢得人民喜爱和欢迎。”①

近年来，文艺界高度重视人才队伍建设，把加强行风建设和职业道德建设作为重中之重。以中国文学艺术界联合会的相关工作为例。一是加强行业自律建设，树立“爱国、为民、崇德、尚艺”的文艺界核心价值观。2012 年，中国文联制定颁布《中国文艺工作者职业道德公约》，10 年后又颁布其修订稿。2016 年，中国文联成立文艺工作者职业道德建设委员会，并进一步推动影视艺术、造型艺术、表演艺术等各文艺细分行业制定从业人员行为守则和自律公约。②二是开展系列表彰和学习教育活动，树立文

---

① 习近平：《在文艺工作座谈会上的讲话》，http：//www.xinhuanet.com/politics/2015-10/14/c_1116825558.htm?z=9。

② 例如，中国网络视听节目服务协会作为网络视听领域唯一的国家级协会，在 2019 年 1 月发布《网络短视频内容审核标准细则》，对短视频内容提出了 100 条具体审核标准。涉及 21 个大类：攻击我国政治制度、法律制度的内容；分裂国家的内容；损害国家形象的内容；损害革命领袖、英雄烈士形象的内容；泄露国家秘密的内容；破坏社会稳定的内容；损害民族与地域团结的内容；违背国家宗教政策的内容；传播恐怖主义的内容；歪曲贬低民族优秀文化传统的内容；恶意中伤或损害人民军队、国安、警察、行政、司法等国家公务人员形象和共产党党员形象的内容；美化反面和负面人物形象的内容；宣扬封建迷信，违背科学精神的内容；宣扬不良、消极颓废的人生观、世界观和价值观的内容；渲染暴力血腥、展示丑恶行为和惊悚情景的内容；展示淫秽色情，渲染庸俗低级趣味，宣扬不健康和非主流的婚恋观的内容；侮辱、诽谤、贬损、恶搞他人的内容；有悖于社会公德的内容；不利于未成年人健康成长的内容；宣扬、美化历史上侵略战争和殖民史的内容；其他违反国家有关规定、社会道德规范的内容。

图 4-1　《中国文艺工作者职业道德公约》封面

艺界先进典型。中宣部等举办全国中青年德艺双馨文艺工作者表彰大会，中央文明办等推选文艺界全国最美志愿者，中国文联等授予一批老艺术家“终身成就艺术家”称号。[①] 在表彰先进的同

① 截至 2016 年年底中国文联十大、中国作协九大召开，共授予 68 位老艺术家“终身成就艺术家”称号。

时，在整个文艺界开展相关专题学习活动。[①]三是举办修身守正立心铸魂——中国文联文艺工作者职业道德和行风建设工作座谈会，针对“饭圈”文化、“顶流”现象等和文艺界及娱乐圈集中出现的违法失德现象，发布的《修身守正　立心铸魂——致广大文艺工作者倡议书》中，倡议广大文艺工作者严于自律，常怀敬畏之心；勤于学习，提高认知水平；悉心创作，坚守艺术理想；秉持初心，践行德艺兼修，尤其是其中对被资本裹挟的“畸形审美”的批判，产生了强烈的社会反响。

习近平总书记2014年10月15日在文艺工作座谈会上指出：“近些年来，民营文化工作室、民营文化经纪机构、网络文艺社群等新的文艺组织大量涌现，网络作家、签约作家、自由撰稿人、独立制片人、独立演员歌手、自由美术工作者等新的文艺群体十分活跃。这些人中很有可能产生文艺名家，古今中外很多文艺名家都是从社会和人民中产生的。”[②]“新的文艺组织”“新的文艺群体”的固定说法由此产生，团结服务“文艺两新”也成为党的十八大以来中国文联、中国作协工作的重中之重。在中国文联十一大、中国作协十大开幕式上的讲话中，习近平明确指出，要

---

① 比较重要的有向阎肃同志学习、向见义勇为文艺工作者学习、向八旬“新”党员牛犇同志学习、向草原红色文艺轻骑兵乌兰牧骑学习、学习贯彻习近平总书记给中央美术学院老教授的回信等。

② 习近平：《在文艺工作座谈会上的讲话》，http：//www.xinhuanet.com/politics/2015-10/14/c_1116825558.htm?z=9。

用全新的眼光看待“文艺两新”，用全新的政策和方法团结、吸引他们，引导他们成为繁荣社会主义文艺的有生力量，并进一步提出“要发挥文联、作协系统的组织优势，创新工作体系，做好对新的文艺组织和新的文艺群体的教育引导工作”[①]。

2015 年 10 月，《中共中央关于繁荣发展社会主义文艺的意见》发布，专门提出“文艺环境、业态、格局深刻调整，创作、传播、消费深刻变化，新的文艺组织和文艺群体大量出现，引导、管理、服务的体制机制、手段方法亟须改革创新”[②]。近年来，在《中国文联深化改革方案》的指引下，中国文联、中国作协作为党联系艺术家的桥梁纽带，强化了联络协调职能，构建了新文艺群体联络体系，包括加强思想引领，开展教育培训；完善组织机构，畅通工作渠道；加强组织吸纳，扩大会员覆盖；实施创作扶持，助力成长成才；搭建联系平台，加强推介展示；加强行风建设，推动职称评审等。[③]

在组织上，全国各级文联及所属协会优化机构配置，陆续建立了不同形式的针对“文艺两新”的专门委员会和工作平台。比如，在中国舞蹈家协会街舞委员会的指导下，全国街舞联盟

---

① 习近平:《在中国文联十一大、中国作协十大开幕式上的讲话》，http://www.xinhuanet.com/2021-12/14/c_1128163690.htm。

② 《中共中央关于繁荣发展社会主义文艺的意见》，https://www.gov.cn/xinwen/2015-10/19/content_2950086.htm。

③ 参见《新时代中国文艺人才发展研究报告》分报告《“文艺两新”人才发展研究报告》(中国文联内部资料)。

于2015年开始建立，截至2020年，已成立31个省级街舞联盟，联盟成员单位共3000余家，它们分布在590多个城市，聚合近300万街舞青年，在舞协的团结下，跳出充满活力的时代舞步。在会员工作上，中国文联第十一次全国代表大会代表总计1559人，其中“文艺两新”代表207人，占比13.2%。中国文联所属各全国文艺家协会在换届时，“文艺两新”代表普遍约占会议代表的15%，理事、全委一般占比5%至7%。2020年年底完成换届的中国杂技家协会，新杂技群体代表占比21%；中国摄影家协会“文艺两新”会员占比超过30%；中国民间文艺家协会“文艺两新”会员占比达到60%，中国电影家协会主席团共12人，“文艺两新”占三分之一。在职称评审工作上，据初步统计，截至2021年年底，全国文联系统共有21家单位开展职称评审（含新的文艺群体职称评审）工作。例如，2021年8月，湖南省文联、湖南省人力资源和社会保障厅启动湖南省艺术系列（新文艺群体）职称评审工作，在美术师分支专业开展评审试点，48名新的文艺群体人才获评美术师职称。①但是，在“文艺两新”工作上，还存在着一些亟待解决的问题，包括：对“文艺两新”重要性认识不够，概念把握不统一；顶层设计不够完善，相关政策缺少协同，政策落实不够；相关政策

① 参见《新时代中国文艺人才发展研究报告》分报告《“文艺两新”人才发展研究报告》（中国文联内部资料）。

法规制定较为滞后，针对性不足；组织整体覆盖不够全面，组织引导略显乏力；党建工作整体薄弱，行业治理仍显缺位等问题。[①]

总结本章，现代化建设的内容之一是现代化的文艺生产机制的建设。如何建立与中国特色社会主义道路、理论、制度、文化相配套的现代文艺生产机制？经过多年来理论创新、实践尝试和制度探索，改革开放以来，我们有效发挥了市场机制在资源配置上的积极作用，使其成为繁荣发展文艺事业的重要组成部分。但也必须看到，市场在文艺生产资源的配置上也存在着不同层面的内在弊端，已经对文艺事业的发展造成不良影响。习近平总书记在肯定市场成绩的同时，针对市场在资源配置中产生的消极影响，指出近年来我国文艺事业发展在创作导向、作品质量、文艺人才等方面的问题。同时，习近平总书记在总结党的历届领导人经验的基础上，提出“社会效益和经济效益相统一”的指示，明确“当两个效益、两种价值发生矛盾时，经济效益要服从社会效益，市场价值要服从社会价值”[②]。这一要求遵循了中国特色社会主义文艺理论发展、实践发展和制度发展的内在理路，是针对我国文艺事业在发展中已经遇到、正在经历

---

① 参见《新时代中国文艺人才发展研究报告》分报告《“文艺两新”人才发展研究报告》(中国文联内部资料)。

② 习近平:《在文艺工作座谈会上的讲话》, http://www.xinhuanet.com/politics/2015-10/14/c_1116825558.htm?z=9。

和可能加剧的问题提出，为完善和发展新时代文艺制度，推动文化生态治理体系和治理能力现代化指出了总方向。党的十八大以来，尤其是2014年10月15日文艺工作座谈会以来，在习近平总书记关于文艺工作的重要论述影响下，“把社会效益放在首位、实现‘双效统一’”成为新时代文化体制改革的主线；中国特色社会主义文艺治理体系更加完善，文化产业各行业逐渐步入有序发展轨道；文艺界行风建设大大加强，新文艺群体成为繁荣发展新时代文艺必须团结好的重要力量。

第五章

新时代文艺市场的发展和治理难题

中国的改革开放是一个“摸着石头过河”的过程。这意味着，这个过程除了众多成功经验和突出成绩，也不乏需要我们认真反思和努力解决的问题。本章将以问题为导向，以案例为依托，讨论以下三个问题：如何在市场经济条件下，继承和发扬计划经济时代的艺术遗产？如何破解“一放就乱、一管就死”的怪圈？“主旋律”和“多样化”如何更好地共生共荣？

第一节 如何在市场经济条件下，继承和发扬计划经济时代的艺术遗产？

在坚持改革开放是必由之路的同时，我们也不能否认计划经济体制的成绩。必须看到，在计划经济体制下，我国的文艺创作在文学、舞台艺术、影视艺术、造型艺术等各领域，都出现过融思想性、艺术性和观赏性为一体的文艺“高峰”。在文艺创作“有高原缺高峰”、文化产业亟须“高质量发展”的今天，繁荣新时代文艺的一个重要思路，就是在市场经济条件下，创造性地继承和发扬计划经济体制留下的艺术遗产。

本节将以上海美术电影制片厂（以下简称“上美影”）为例，讨论如何在市场经济条件下，继承和发扬计划经济体制留下的艺术遗产。上美影曾成功培育出计划经济体制下让文艺“高峰”可持续出现的生态土壤，因其鲜明的民族特色而被国际社会称为动画的“中国学派”。20 世纪 90 年代以来，随着美术片传统的式微和文化产业的勃兴，上美影面临着品牌化、产业化发展的新挑战，但在自我调适以适应市场经济的过程中，该厂出现了“没有跟市场接轨”、产品“道德说教成分太明显”等问题，与 20 世纪 50 年代和 80 年代相比，“叫得响、传得开、留得下”的精品明显变少，一度陷入“有高原缺高峰”的困境中。动画的“中国学派”辉煌不再的同时，国产原创动画也一度低迷，中国的动画产业甚至沦为美国等动画强国的“世界工厂”，靠着“动画代工”这一创意含量较低的产业形态生存。近年来，随着新媒介兴起，中国动画经历了媒介转向。[①] 庞大的二次元消费群体、传统文化热、“国潮”审美、覆盖全产业链的商业模式、网络平台原创动漫计划的扶持等诸多因素齐备，似乎为国产原创动画的复兴再次提供了契机。2023 年年初，上美影和哔哩哔哩（以下简称 B 站）联合制作的《中国奇谭》于 B 站发布，一炮走红，“上海美术电

---

① 参见盘剑《中国动画的媒介转向》,《当代动画》2021 年第 2 期。

图 5-1 上海美术电影制片厂“全明星” 图片来源：网络

影制片厂归来”“动画‘中国学派’复兴”的期待再度燃起。

那么计划经济孕育的“老厂牌”及其动画创作理念，是否且如何才能在新的文化业态、形态和生态中重新焕发活力？这不仅是一个中国动画史绕不开的问题，也是一个对于所有曾在计划经济时代创造过辉煌的文艺“遗产”都必须认真对待和思考的问题。

一、计划经济体制下动画的“中国学派”的辉煌

上海美术电影制片厂的前身是东北电影制片厂美术片组。1949年新中国成立后，东影美术片组邀请从香港回到内地的著名漫画家特伟担任组长。在特伟的努力下，美术片组南迁到了思想更加开放、人才更加集中的上海，成为上海电影制片厂美术片组。1957年，上海美术电影制片厂成立，上美影作为中国动画的大本营，正式登上了历史舞台。

根据万籁鸣先生的回忆，20世纪80年代，“在党和政府的关怀下，美影厂里动画大楼、木偶大楼、剪纸大楼、摄制大楼、办公大楼等拔地而起，各项现代化设备应有尽有，工作条件十分优越，是世界上屈指可数的美术电影制片厂之一”[①]。能在80年代有如此硬件待遇，计划经济“集中力量办大事”的优势可谓在上美影发挥得十分充分。但更重要的是，大厂非“大楼”之谓也，乃“大师”之谓也。这里集中了特伟、万籁鸣、万古蟾、万超尘、钱家骏、虞哲光、段孝萱、钱运达、严定宪、林文肖、包蕾、吴应炬、张光宇等新中国最顶尖的动画和文艺人才，在计划经济时代的干部体制“从生到死”全方位的保障下，一门心思搞创作，一心一意出精品，共同铸造了动画的“中国学派”20世

① 万籁鸣口述，万国魂执笔:《我与孙悟空》，北岳文艺出版社1986年版，第172页。

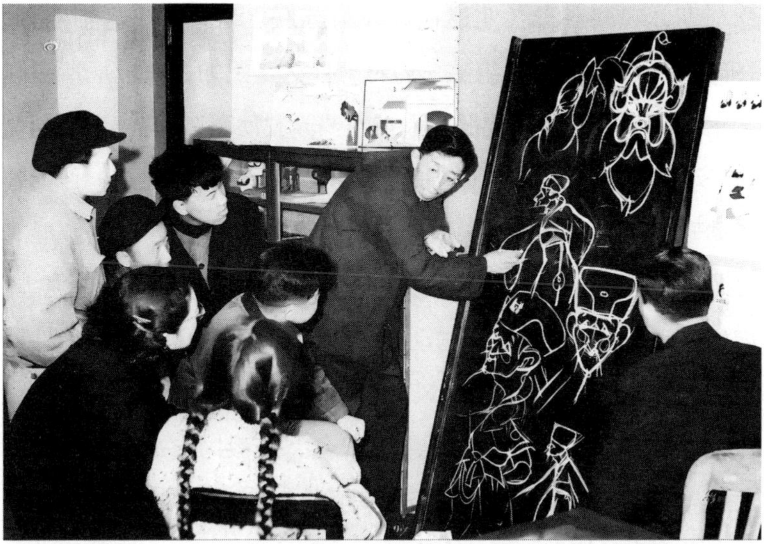

图 5-2　上美影的文艺工作者正在探讨《骄傲的将军》中的动画造型

图片来源：网络

纪 60 年代和 80 年代的辉煌。在组织的支持下，上美影还能在更大范围内调动人才资源，组建出中国最顶尖的创作班底。比如，《大闹天宫》的项目组就邀请到了上海交响乐团、上海京剧院和上海电影译制厂的配音表演艺术家邱岳峰加盟，这让《大闹天宫》的音效后来成为国产动画的标杆。正是在最优秀的动画视觉团队和顶级的听觉团队的齐心协力下，《大闹天宫》这一新中国动画事业的"高峰"才能拔地而起。

反观上美影的成功经验，除了集中力量办大事的制度优势，"探民族形式之路"这一共同的创作理念也功不可没。新中国成立初期，我国各行各业建设都效仿苏联，动画创作也不例外。1956 年，上影美术片组的《乌鸦为什么是黑的》在威尼斯国际儿童电影节获奖，却被很多人当作“苏联动画”。这一误会刺激时任动画组组长的特伟下定决心，以“探民族形式之路”作为国产动画突破口。从特伟导演《骄傲的将军》开始，“探民族形式之路”就成了以上美影为代表的“中国学派”的立身行己之本。但如何实现民族文化资源与动画艺术这一“舶来品”的创造性结合，这条探索发现之路不无风险，充满了各种不确定性。

以水墨动画的试制为例，1960 年，陈毅同志在参观完中国美术电影展览会后提出“把齐白石的画动起来就更好”的想法。但水墨画真的能和动画结合吗？在动画片只有“单线平涂”的时代，试制水墨动画要承担巨大的风险。钱运达曾经回忆：“因为当时特伟是厂长，下这个决心的是他，因为要投资，还要投入人力，他面临着成与败的考验。”[①] 在特伟的带领下，钱家骏、郑少如、唐澄等上美影动画工作者克服重重困难，《小蝌蚪找妈妈》于 1960 年 7 月上映了，齐白石笔下的蝌蚪、青蛙、鱼、虾、蟹等小动物就这样在荧幕上全部栩栩如生地动了起来，不仅保留了中国水墨画的“写意”和“神似”，还在世界动画史中开创了动画造型以浓淡晕染代替清晰勾边的先河。正是这些铺垫，为《牧笛》这

---

① 吕学武：《动画的“中国学派”研究：中国动画艺术对民族艺术的传承与创新》，中国传媒大学出版社 2014 年版，第 38 页。

一中国水墨动画的巅峰之作奠定了动画技术和艺术的基础。

鼓励创新和冒险的氛围在上美影形成“别人做过的，我不做”“自己做过的，也不做”的创作文化。围绕着“探民族形式之路”这条主线，中国老一代动画人充分挖掘各种民族文化资源，进行了风格多样的尝试。无论是敦煌壁画、汉画像砖、京剧脸谱等民族美术资源，古琴、笛子、京剧锣鼓等民族音乐资源，还是神话故事、民间传说、成语典故等民族文学资源，都在与动画艺术的创造性结合中焕发了新的生机。而上美影也在这个过程中尝试了剪纸动画、折纸动画、水墨动画、木偶动画、皮影动画、贴布剪纸动画、水墨剪纸动画等千差万别的风格和类型（并顺带研发了相应的动画制作技术），有着“一个作品一个风格”的佳话。

图 5-3　水墨动画《牧笛》截图　图片来源：上美影官网

在计划经济体制下，上美影无论在动画质量还是数量上，都在国内遥遥领先。以20世纪七八十年代为例，1977—1983年，我国共生产动画片约820分钟，上美影占比91%。1984—1989年，我国共生产动画片约1940分钟，上美影占比40%。[①]《哪吒闹海》《三个和尚》《鹬蚌相争》《天书奇谭》《九色鹿》《山水情》《金猴降妖》《东郭先生》《雪孩子》《蝴蝶泉》《阿凡提的故事》《黑猫警长》《葫芦娃》《邋遢大王奇遇记》《舒克和贝塔》《魔方大厦》《大盗贼》等一系列作品长播至今，不仅构成了“70后”“80后”的童年记忆，也是他们长大后与下一代一起看动画片的首选。据不完全统计，从1978年到20世纪80年代末，上美影共有24部影片在国外获得37项大奖。其中，《哪吒闹海》《三个和尚》《鹬蚌相争》等作品更是获得了国际社会的一致好评。

二、美术片传统的式微和中国动画产业的勃兴

改革开放以来，市场在文艺生产资源的配置中发挥的作用越来越明显，但文化创意产业有自身的特性，表现在创作成本高、风险高、回报周期较长。在这种情况下，如何在社会主义市场经

① 参见张慧临《二十世纪中国动画艺术史》，转引自吕学武《动画的“中国学派”研究：中国动画艺术对民族艺术的传承与创新》，中国传媒大学出版社2014年版，第50页。

济的条件下做到可持续经营，就成为文化企业改制必须直面的难题。

这个挑战具体到上美影，就是如何在新的经济体制运行下，在保有自身风格的同时，创作出对接现代动画产业、符合现代社会大众趣味的产品。但必须看到，计划经济体制孕育的上美影的动画生产具有很强的“美术片”基因和“手工艺”色彩。大多采用的是“手绘（或人工偶制作）+ 拍摄”的方式，科技性和工业化程度都还处于比较低级的阶段。以“绘画（美术）”立身、定位为“美术电影”的动画“中国学派”，一度很难适应创作观念从强调绘画（美术）属性向强调影像属性的艺术本体转型，在与现代“电影”工业体系诸多环节的对接上，都存在着不少错位。① 此外，“别人做过的，我不做”“自己做过的，也不做”的优良传统，在市场经济条件下，可能意味着产品形态没有市场先例、投资风险较高。“一个作品一个风格”的个性探索，在与产业体系的对接中，也可能意味着生产难以标准化、量产化，成本难以控制的尴尬。木偶片、剪纸片、折纸片、水墨片、皮影片这些上美影曾引以为傲的“看家本领”，在产业化引领的动画技术发展中变得无足轻重，被挤到了边缘角落。总之，计划经济体制孕育的诸多优点，在市场经济条件下，反倒成

① 参见盘剑，赵倪聪《论“新动画中国学派”的工业美学建构》，《民族艺术研究》2023 年第 5 期。

了阻碍发展的问题。与此同时，新经济运行体制的引入，带来了新的生产主体，大师云集的上美影开始出现人才流失。而美国和日本动画片的流行，也悄然改变着观众的品位，上美影产品“道德说教成分太明显”的问题也越发凸显。诸如此类的多重复杂因素，共同造成了以上美影为代表的国产美术片传统的式微。[①]

必须看到，原创动画作为一种高成本、高风险的内容形态，产业化之路并不好走。对此，有关部门并非不清楚。李长春同志2003年8月20日在《光明日报》刊登的《中国动画：何时走向振兴》一文上批示：要从体制、政策、市场管理上支持我国动画产业的发展。此后，《中共中央、国务院关于进一步加强和改进未成年人思想道德建设的若干意见》《关于发展我国影视动画产业的若干意见》《国家动漫游戏产业振兴计划》等一系列文件相继出台，在体制、政策、市场管理上支持我国动画产业的发展。[②]但尽管如此，中国的动画产业发展依旧问题重重。尤其较美、日等动漫发达国家，“在许多方面都存在不小的差距，比如，创意不足、内容肤浅、文化内涵欠缺、精品力作不多、营销能力薄弱、

---

① 参见吕学武《文化工业视野中的中国动画学派》，《现代传播（中国传媒大学学报）》2011年第11期。

② 参见汪淼、张俊苹《我国动画产业的四大发展趋势》，《文艺研究》2005年第10期。

品牌影响力有限、市场知名度不高、产业链不够健全，等等”[①]。

根据盘剑发表于2010年的《中国动漫产业目前存在的四大问题》一文中的梳理，当时的中国动漫产业存在着四大突出问题。一是动漫产业迅速升温的推动力与动漫产业的定位本身在具体操作层面上出现了矛盾。中国动漫产业快速升温离不开政府推动，而动力之一就是“加强和改进未成年人思想道德建设”。这一初衷虽是好的，但在具体操作层面却至少造成了两方面矛盾。首先，面向未成年人的动漫产品的市场定位极大地限制了动漫产业营销/盈利渠道，也影响到了动画质量。出品方往往认为，既然动画只是“小儿科的东西”，“那么只要内容是所谓的‘正能量’、有教育意义就行，至于表达如何拙劣、制作如何粗糙都没有关系”[②]，反正小孩子又看不懂。其次，未成年人思想道德建设强调的是“教育”，推动产业发展的商业运作强调的是“娱乐”，而我国的动画人在各种条件限制下，一直没能真正处理好“教”和“乐”的关系，尤其不了解人们的乐之所在、乐之形式、乐之要求。二是“产量”高而“产值”低，规模巨大的中国动漫产业对GDP的贡献微薄。究其原因，首先，一些初衷为鼓励产业发展的措施在实际执行中却阻碍了动漫生产从追求数量到增加产值的产业升级。比如，为鼓励优质原创动漫生产、播出，我国地方

---

① 童刚：《在“国产动画电影座谈会”上的讲话》，《当代电影》2013年第9期。

② 盘剑：《中国动画的媒介转向》，《当代动画》2021年第2期。

政府曾有过按分钟计算的播出奖励政策。[①] 结果大家都愿意把作品做得更长而非更短，以赚取政府奖励，客观上却造成了粗制滥造之风。其次，产业格局不利于完整产业链的形成和运转。成熟的动漫产业需要产业链完整且运转良好，通过整体运转在各个环节中产生高利润。一个项目从策划开始，就有制作机构和对此感兴趣的营销公司、版权代理机构、传媒集团、电视台、出版社、服装、玩具、食品商等衍生品开发公司共同介入。当一个项目的操作就意味着产业链的一次完整运行时，动画产业这一高成本、高风险的创意产业的“附加值”才能获得提升。而中国的动画产业当时大多是动画制作公司，产业链断裂，经营方式和商业模式单一，在原创力不足的情况下，很多自甘“动画代工”，更有甚者与电视台串通，靠赚取政府奖励为生，沦为如果不靠“歪门邪道”赚钱，就只能“不赚钱”的行业。三是动漫教育与动漫产业的实际要求脱节，导致动漫行业“人员”过剩、“人才”奇缺，某些环节的专业人才过剩，而另一些环节的专业人员奇缺。四是

---

① 比如 2005 年 10 月，杭州市人民政府办公厅发布《关于鼓励和扶持动漫游戏产业发展的若干意见》(试行)，规定“凡在本市申报、国家广电总局批准的原创动画片，经评审的优秀作品，在中央台播出的每分钟奖励企业 1000 元；在地市级以上电视台播出的每分钟奖励企业 500 元；在境外主流媒体播出的每分钟奖励企业 1500 元”。紧跟着，广州、深圳、厦门、福州、重庆等城市也相继出台了类似政策。参见盘剑《中国动漫产业目前存在的四大问题》,《文艺争鸣》2010 年第 2 期。

理论研究滞后且缺乏足够重视，严重影响动漫产业发展。[①]

正是在上述中国动画产业发育不良或畸形发展的整体状况下，20 世纪 90 年代以来，上美影尽管也生产出了不少诸如《宝莲灯》《大耳朵图图》《我为歌狂》等优秀产品，但与 20 世纪 60 年代、80 年代的辉煌相比，以"探民族形式之路"著称的动画的"中国学派"，确实在计划经济体制转型为市场经济体制的过程中，在对接现代动画产业的过程中走向了衰落。那么，动画的"中国学派"如何才能重新崛起?

三、《中国奇谭》和动画"中国学派"的再次崛起?

2023 年 1 月 1 日，由上美影和 B 站联合出品的动画短片集《中国奇谭》播出。截至 2023 年 12 月，B 站播放量 3 亿、豆瓣评分 8.7 分，堪称 2023 年度的现象级网络动画。《中国奇谭》由 8 个植根于中国传统文化的志怪故事组成，八个故事各自独立、形式迥异、主题多元，融合剪纸、素描、水墨、3D 动画等多种美术风格，不仅做到了"一个短片一个风格"，还继承了上美影"探民族形式之路"的传统。人民网评其为"中式想象力的一次

① 参见盘剑《中国动漫产业目前存在的四大问题》,《文艺争鸣》2010 年第 2 期。

集中展现”[①]，中新社称其实现了美术片“有传承的创新”[②]。

图 5-4　动画《中国奇谭》海报

① 邸含玮：《人民艺起评：〈中国奇谭〉，中式想象力的一次集中展现》，http：//opinion.people.com.cn/BIG5/n1/2023/0110/c1003-32603232.html。

② 王笈：《〈中国奇谭〉何以出“奇”？》，https：//www.chinanews.com.cn/cul/2023/01-16/9936509.shtml。

那么，计划经济体制孕育的中国“动画学派”真的能在社会主义市场经济的当代语境下复兴吗？对此，有学者提出了“新动画中国学派”的设想。“所谓‘新动画中国学派’动画，指的是在以上海美术电影制片厂为创作主体、以美术片为作品形态的‘原动画中国学派’动画衰落以后，随着中国动漫产业发展而创作的既突出民族艺术特性、表现民族文化精神，又紧跟国际动画主潮、创作主体多元化（众多动画制作机构参与）、作品媒介多样化（动画电影、电视动画、网络动画并行）的新的中国主流动画。”①

这里的“新”，主要强调的是三个方面内容。一是与原动画“中国学派”强调动画的“美术”属性不同，新动画中国学派充分意识到动画的“影像属性”和科技本质。比如，动画电影《深海》首次出现的“粒子水墨”技术，就是建立在粒子集合而成的流动的水墨元素之上的。但实现“粒子水墨”效果，需要强大的硬件支持，因为制作一个镜头就需要渲染上亿、上十亿、上百亿粒子的计算量，这显然与 20 世纪 60 年代大多依靠手工完成的水墨动画制作十分不同。二是与原动画中国学派依靠财政拨款因而往往有着较强的主流文化属性和精英文化色彩不同，新动画中国学派靠市场养活，能够认可动画的大众文化定位和娱乐精神表

① 盘剑、赵倪聪：《论“新动画中国学派”的工业美学建构》，《民族艺术研究》2023 年第 5 期。

图 5-5　动画电影《长安三万里》海报

达，更能熟练驾驭各种现代商业机制。比如《西游记之大圣归来》《哪吒之魔童降世》《姜子牙》《白蛇：缘起》《新神榜：杨戬》《长安三万里》等近年来的优秀动画电影就是由追光动画、光线影业、霍尔果斯彩条屋影业等市场主体投资的，它们往往追求强烈的视听效果，依托“新神话传说”这一较为成熟的商业类型叙事，背靠强大的品牌和商业运营。三是新动画中国学派充分意识到媒介转向之于中国动画复兴的意义。互联网的兴起将中国动画从以电影、电视为代表的大众传播时代，带到了视频网站代表的分众传播时代，小众动画类型和多元艺术探索在网络内容生态的腰部和长尾获得了一定生长空间，以 B 站为代表的二次元社区代表了“Z 世代”引领的青年文化，获得了文娱投资者的极大青睐。原创国漫成为 B 站、腾讯视频等平台的重点扶持方向，以 IP 为核心的网络内容开发模式，本就覆盖动画、漫画、游戏、周边等全产业链形态，为提升优质原创动画的附加值提供了可能。不难看出，《中国奇谭》正是在这样的背景中诞生的。

可以理解，作为原动画中国学派的直系后代，《中国奇谭》的惊艳出场给人们带来了太多期待。但正因如此，我们才不能忽视它“高开低走”的事实，也不能忽视《中国奇谭》火爆背后的遗憾。正如“国家广电智库”微信公众号发文总结的那样：“部分衍生品‘上架即售罄’，说明中国动画作品的产业开发还有很多工作要做。好的作品如何在内容产出和衍生品计划协同上形成高效闭环，如何实现IP开发与管理、整合营销、商品新零售和沉浸式娱乐体验的长尾布局。再如登上微博热搜的‘家长炮轰中国奇谭’事件，让大众意识到动画是多面向的，既有低幼向动画也有成人向动画。对于行业管理和动画从业者而言，这也提醒我们更应重视分层传播和精准传播。”①

必须看到，从《中国奇谭》到“中国学派”的复兴，还有很长一段路要走，这个过程需要我们直面和解决的难题还有很多。动画“中国学派”的优良基因如何在由产业和网络重塑的文化生态中，真正获得可持续的发展和有活力的传承，而非仅仅是昙花一现的热点现象？“民族形式”如何才能更好地与迪士尼式动画“大片”结合，穿透到主题、精神、价值和美学的更深层，而非仅仅停留在视听元素和剧本素材的表层？或许，越是身处社会主

① 彭锦：《从〈中国奇谭〉的火爆看中国动画的发展》，“国家广电智库”微信公众号，2023年2月21日。

义市场经济时代，越是需要我们深情回眸计划经济时代的优良传统。这些不能被遗忘的遗产，将成为我们在新时代铸就社会主义“文艺高峰”的力量和底气，也将获得更具时代性和创造性的继承和发扬。

第二节 如何破解“一放就乱、一管就死”的怪圈

2023 年 12 月 22 日，国家新闻出版署发布了关于公开征求《网络游戏管理办法（草案征求意见稿）》意见的通知。通知发布后，多家游戏公司股票下跌。12 月 22 日下午，港股中，游戏公司跌幅在 10% 以上的有腾讯、心动、中手游等，网易则跌幅超过了 20%；A 股中，游戏厂商跌幅超 10% 的有掌趣科技、冰川网络、盛天网络，三七互娱、吉比特、电魂网络等公司则 10% 跌停。有媒体以《官方出手！网易腾讯大跳水》为题对该事件进行了报道。①

在某种程度上，股市从侧面反映了市场对政策的即时、真实反馈（尽管不一定是理性的、正确的反馈）。但正如某资深游戏

① 参见《官方出手！网易腾讯大跳水》，“观察者网”微信公众号，2023 年 12 月 22 日。

媒体所言，其实“《网络游戏管理办法（草案征求意见稿）》中并没有出现更多、更严苛和更过分的规则，而更接近于把已经存在的、执行的、在各个条文中出现的规定整合并明确规定”[①]。更何况，较受关注的第十七条、第十八条[②]想要解决的“诱导消费”等问题也的确客观存在，公众尤其是未成年人的家长对其弊端也有较强共识。[③]那么，如果有关部门不过是重申或细化了此前的规定，内容也确实是应该治理的内容，在这种情况下，游戏市场为何如“惊弓之鸟”一般，表现出整体上的惊恐慌乱和信心不足？

理解该现象，我们不得不直面“一放就乱、一管就死”这个一直伴随着我国改革开放进程的难题。在很大程度上，正是该问题多年来留下的“心理阴影”，造成了上述事件中游戏行业的“弱刺激强反应”。

---

① 触乐喜迎版号小组：《〈网络游戏管理办法草案（征求意见稿）〉与惊弓之鸟》，“触乐”微信公众号，2023年12月22日。

② 第十七条【禁止强制对战】网络游戏出版经营单位不得在网络游戏中设置强制对战。第十八条【限制游戏过度使用和高额消费】网络游戏不得设置每日登录、首次充值、连续充值等诱导性奖励。

③ 参见胡锡进《游戏业，危机还是转机？》，“胡锡进观察”微信公众号，2023年12月25日。

一、“一放就乱、一管就死”：中国特色社会主义市场经济的难题

“一放就乱、一管就死”，每每用来形容对企业的“管放”之困。它不仅仅是文化市场管理的难题，也是改革开放以来，一直伴随着中国特色社会主义市场经济甚至中国特色社会主义建设各个领域的难题。

为什么会“一放就乱、一管就死”？对此，人们众说纷纭。有人认为问题出在管理方，“多头管理，政出多门，谁都管，谁又都不管”，其结果是“一方面管理方式僵硬，不符合市场规律……另一方面，又出现了大片的真空地带，完全失控，没有规则，没有秩序”。[①] 也有人认为问题出在被管理的对象上：“正因为管得太多太死，一旦放开，它也就无所适从，或者又因为政策多变，就趁着放的机会先大大活一把了再说，否则机不我待。这一活也许就没有边了。”[②] 还有人认为问题出在我国市场经济体制有待完善，在很多领域缺乏“竞争”“有效率的市场”等让价值规律充分发挥作用的前提，市场调节发挥不出作用，造成“一放就

① 《还是“一抓就死，一放就乱”吗？——网络媒体管理问题》，《Internet 信息世界》2001 年第 5 期。

② 张家：《评“一放就乱，一管就死”》，《当代教育论坛（校长教育研究）》2008 年第 6 期。

乱"的现象。[①]总之，诸如此类的讨论自改革开放之初就开始了，30余年来争论不休。而针对"一放就乱、一管就死"的难题，中央和地方政府也确实出台过不少举措，但作用仍然有待逐渐发挥，其速度往往赶不上瞬息万变的市场晴雨，其进度更是常常滞后于复杂多变的社会实践。

正是在这样的背景下，尽管近年来我国游戏行业屡创新高（产值突破3000亿元，约等于5个电影市场，用户规模达6.68亿，意味着服务近5成国民[②]，在文化"出海"和文化强国建设上表现突出，潜力巨大；更是获得了有关部门诸如"游戏科技正在越来越广泛的社会生产领域释放出巨大的数字生产力，创造出越来越大的社会价值"[③]之类的首肯，但从业者整体上难免在"一管就死"的多年心理阴影下，在长久形成的病态"恐慌"情绪中，养成对政策过度"敏感"的"体质"，以至于产生上述被媒体戏称为"官方出手，股市跳水"的现象。

但该现象也督促我们，在2035年建成文化强国的重任面前，我们必须要认真面对"放—乱—管—死"的怪圈，必须从根子上提升文化市场的治理能力，改善市场主体的外部尤其是政策风险环境。

---

① 参见高鸿业《为什么会"一放就乱"——论价值规律调节生产的作用》，《经济研究》1985年第9期。

② 参见《〈2023年中国游戏产业报告〉正式发布》，http://www.xinhuanet.com/ent/20231215/f670a4330eac41d6859e9f11d9226d5b/c.html。

③《行业专家共探游戏再认知，超级数字场景是游戏的本质属性》，"中国音数协游戏工委"微信公众号，2023年12月14日。

二、治理体系和治理能力现代化视野中的“一放就乱、一管就死”

党的十八届三中全会首次提出“推进国家治理体系和治理能力现代化”的重大命题，并把“完善和发展中国特色社会主义制度、推进国家治理体系和治理能力现代化”确定为全面深化改革的总目标。[①] 我们也应把提升文化市场治理能力的任务，放到国家治理体系和治理能力现代化的总体进程中来考察。

那么如何实现国家治理体系和治理能力的现代化？夏志强在《国家治理现代化的逻辑转换》中提出：“国家治理现代化的权力逻辑最终目标在于权力的运转始终围绕着公民权利的保护和实现，而不是权力控制的便利和效率。”[②] 围绕着从“政府权力”本位到“公民权利”本位的转变，有研究提出可以用“管制—管理—治理”来概括国家向着治理发展的变迁路径，即传统行政的管制状态、新公共管理的管理状态、治理现代化的治理状态。简言之，计划经济时代，我国采取的基本是“全能型、人治化、封闭式”的管制行政模式。随着改革开放深入，“管制式行政”不再适应社会主义市场经济的发展需要，于是又出现了“市场式政

① 习近平：《关于〈中共中央关于坚持和完善中国特色社会主义制度推进国家治理体系和治理能力现代化若干重大问题的决定〉的说明》，《人民日报海外版》2019年11月6日。

② 夏志强：《国家治理现代化的逻辑转换》，《中国社会科学》2020年第5期。

府”“弹性化政府”“服务性政府”等新公共管理改革方案。但无论如何，“管理”依旧强调政府是主体，意味着政府是下命令、发指示，做出政策方案的主要责任人，其权力运行方向也是自上而下的。而作为第三阶段的“治理”则强调政府、社会、民众多主体互动协作。权力运行方式也随之演变为上下互动和平等展开。[①] 目前我国正处于从“管理”向“治理”的转型期，同时由于传统权力逻辑潜在的牵引作用，“管制式行政”的惯性也并未彻底消失。

治理现代化的另一个重要内容是法治。正如张文显在《法治与国家治理现代化》一文中所言，依法治理之所以是善治，在于法治首先优于“人治”。“人治的典型特征在于统治者个人或者极少数人说了算，这种治理方式除了出错率高之外，往往导致人亡政息、难以为继。”法治的“最大优越性在于，它能够保持执政党的执政理念、执政路线、执政方针的连续性、稳定性、权威性，不因领导人的改变而改变，不因领导人看法和注意力的改变而改变，真正做到‘不动摇’‘不折腾’”。同时法治“不仅应当是形式上的法律之治，而更应当是良法之治。这种形态的法治同现代社会的制度文明和政治文明密不可分，它意味着对国家权力（尤其是立法权力）的限制，对权力滥用的制约与制衡，对公民自由与权利的平等保

① 参见许耀桐、刘祺《当代中国国家治理体系分析》,《理论探索》2014 年第 1 期。

护等”。①

在治理体系和治理能力现代化的视野中，如果再来反观“一放就乱、一管就死”，就不难理解，该问题的症结或许恰恰在于治理逻辑尚在管理者从“权力本位”到“人民权利”本位的转型中。治理格局缺乏多元主体参与导致在很多语境下，政策跟不上情况变化，更顾不了多元诉求，缺乏科学性、灵活性的同时，又因为“人治”因素过多，而缺乏稳定性和法制性，以至于“管理”往往以“上面的规定”这一“他律”的形式存在，不仅难以合理化和内化为行业“自律”和群众共识，有时甚至还致使“上有政策、下有对策”的二元状态。在这个意义上，“放—乱—管—死”的怪圈其实就是“管理水平较低、管理效能低下”在现象上的一种表现。但必须强调的是，“一放就乱、一管就死”的关键不在于审判究竟是“管理者”的错还是“被管理者”的错，它恰恰需要我们破除“政府—管理者 VS 市场—被管理者”的二元思维惯性，在推进治理体系和治理能力现代化的进程中，建立多元“共治”的格局。

---

① 张文显：《法治与国家治理现代化》，《中国法学》2014 年第 4 期。

三、治理体系和治理能力现代化进程中的“一放就乱、一管就死”

党的十八大报告提出构建“党委领导、政府负责、社会协同、公众参与、法治保障”的社会治理格局，党的十九届四中全会进一步提出，“不断完善党委领导、政府负责、民主协商、社会协同、公众参与、法治保障、科技支撑的社会治理体系，积极建设人人有责、人人尽责、人人享有的社会治理共同体”。

近年来，我国文娱行业治理进行了一系列改革，尤其表现在对网络内容行业的治理中。如《网络信息内容生态治理规定》的第二条明确将“网络信息内容生态治理”定义为“政府、企业、社会、网民等主体，以培育和践行社会主义核心价值观为根本，以网络信息内容为主要治理对象，以建立健全网络综合治理体系、营造清朗的网络空间、建设良好的网络生态为目标，开展的弘扬正能量、处置违法和不良信息等相关活动”。该规定的主体部分则对网络信息内容生产者（第四条到第七条）、网络信息内容服务平台（第八条到第十七条）、网络信息内容服务使用者（第十八条到第二十五条）、网络行业组织（第二十六条到第二十九条）、监督管理者的职责（第三十条到第三十三条）等综合治理主体的责任进行了条分缕析的规定，整体上体现了系统治理、依法治理、综合治理、源头治理的特色，为依法治网、依法办网、依法上网提供了明确可操作的制度遵循。[①]

不难看出，在治理活动中引入多元主体，可以“更加充分地将民主理念和民主机理融入国家治理当中，最大限度地吸收公众参与，扩大公民及其组织的话语权和决定权，体现了人民当家作主”。在其理想状态下，还能“以对话、沟通、协商等方式，保证不同党派、不同阶层、不同群体、不同利益集团、不同社会界别平等自由地表达利益诉求和政策主张，在此基础上最大限度地凝聚共识，消解或缩小分歧”。[②]但必须看到，由于我国仍然处于政治文明建设的进程中，相关法规在具体落实中也免不了出现偏离。比如，如若只是强调多元主体的治理责任，而缺乏多元主体平等对话的机制，或者即便存在对话机制，但是缺乏自由表达、平等协商的氛围，实际的社会治理格局很可能并非“多元主体共治”下的“社会治理共同体”，这就不仅可能压制社会治理的多方参与者之真正诉求，还可能造成其承担本来难以承担的治理责任。相关案例在本书第四章第二节有所涉及。

习近平总书记指出：“相比我国经济社会发展要求，相比人民群众期待，相比当今世界日趋激烈的国际竞争，相比实现国家长治久安，我们在国家治理体系和治理能力方面还有许多不足，

① 参见《网络信息内容生态治理规定》，http：//www.cac.gov.cn/2019-12/20/c_1578375159509309.htm。

② 张文显：《法治与国家治理现代化》，《中国法学》2014 年第 4 期。

有许多亟待改进的地方。”[①] 目前，我国正处于从传统计划经济向现代市场经济的转型期，在加快推进经济发展方式转轨、政府治理模式转型的进程中，仍然存在着“维稳”诉求大于“维权”诉求、风险控制重于民生建设、“即兴式”举措多于制度规范等问题。如治理体系和治理能力现代化在现实推进中遇到了“全能政府”惯性的障碍，“一些地方政府仍然习惯于对社会组织和社会成员采取自上而下任务下达与政治动员的刚性工作方式，对社会事务大包大揽，忽略了各种社会组织和公众在社会治理中的主体地位和主力作用”。又如“全国各地的社会治理创新探索‘即兴式’举措多，亮点不少，但由于多数属于‘碎片化’的局部试验，缺乏从战略的高度进行系统制度设计，往往出现‘人走政亡’，后劲不足，可持续性不够的情况”。[②]

然而更重要的是，现代化建设的核心是人的“现代化”。人的现代化意味着“既具备独立意识也具有公共精神的人”。它是国家现代化的前提，也是结果，更是保障。它需要“公民主体发挥聪明才智和创造热情，同时也离不开公民对公共问题和公共事务的热心关切。历史的教训无不表明，无论是社会公众的冷漠还是公职人员的腐败都是对政治共同体的巨大消耗和侵蚀，

① 习近平：《切实把思想统一到党的十八届三中全会精神上来》，《人民日报》2014 年 1 月 1 日。

② 姜晓萍：《国家治理现代化进程中的社会治理体制创新》，《中国行政管理》2014 年第 2 期。

因此，作为政治共同体成员的公民除了履行法定的公民义务之外还应当具备公共美德，共同承诺追求良善的生活方式和公共行动。从整体上说，从权威主义人格到最终形成现代民主人格，是一个漫长的过程，需要几代人在思想上的进化”①。必须看到，现代化是一个漫长的过程，也必然伴随着漫长的改革，以及漫长的“人在思想上的进化”。但是无论如何，我们相信，只要“心往一处想，劲往一处使”，再大的问题也总会在反复和曲折中逐渐改善。

回到本节开头提到的游戏市场“股市跳水”现象，应该看到，情况发生后，无论是官方，还是游戏行业，都采取了一系列“稳定市场”的措施，体现出一定法治和共治的气象。有关部门方面，国家新闻出版署面对外界的担忧于 12 月 23 日及时出面，对焦点问题进行了回应，表态将广泛听取意见，进一步完善修改。这种开门纳谏的态度，安抚了市场情绪②；12 月 25 日，国家新闻出版署发布了新批准的 105 款国产游戏版号（2023 年全年发放游戏版号 1075 款），单次审批数量首次突破百款，涵盖的游戏企业范围也更广。这一以实际行动支持行业发展的举措，大大提振了市场信心。主流舆论方面，人民日报社、光明日报社等

① 夏志强：《国家治理现代化的逻辑转换》，《中国社会科学》2020 年第 5 期。

② 参见《国家新闻出版署有关负责人：〈网络游戏管理办法〉（征求意见稿）旨在促进行业繁荣健康发展》，http：//www.xinhuanet.com/legal/20231223/9c26cab02bb14fc59aea46a7b15eb5bb/c.html。

主流媒体，胡锡进等主流大 V 纷纷发文，“凝聚共识，为游戏行业的繁荣发展提供制度保障”“版号政策稳定性逐步增强　游戏产业潜在价值有待深度挖掘”“既然是征求意见稿，就是可以提意见、可以沟通协商的”①等来自权威媒体 / 自媒体的积极言论，营造了有助于市场稳定、民主协商的氛围。而游戏行业方面，“触乐”等颇有行业声望的资深游戏媒体理性发声、积极介入，更是从“游戏人”和“游戏媒体”的行业内部视角，肯定了“这个‘管理办法’的意义可以说是更为先进和更为明确的”②，并进一步助推着行业从“盲目恐慌”到“理性对话”的演化。

或许，更重要的是，近年来，随着认识水平的提高和治理主体的增加，诸如“游戏成瘾”“过度消费”等有关部门一直重点关注的问题，开始获得更加全面、深刻的理解。人们越发认识到，“游戏成瘾”“过度消费”等问题的成因是复杂的，尤其对于未成年人，其表象背后很可能是不良的健康状态，是造成该状态的家庭环境、学校环境、社会环境等。因而，暂时缓解“游戏成瘾”“过度消费”的问题，或许可以靠在充值、玩家

---

① 吴铭：《凝聚共识，为游戏行业的繁荣发展提供制度保障》，“光明论”微信公众号，2023 年 12 月 24 日；《版号政策稳定性逐步增强　游戏产业潜在价值有待深度挖掘》，“人民网”微信公众号，2023 年 12 月 26 日；胡锡进：《游戏业，危机还是转机？》，“胡锡进观察”微信公众号，2023 年 12 月 25 日。

② 《〈网络游戏管理办法草案（征求意见稿）〉与惊弓之鸟》，“触乐”微信公众号，2023 年 12 月 22 日。

年龄上做硬性规定，可以依靠“防沉迷系统”的外在约束，但想要根本解决则需家庭、学校、社会的共同努力。[①] 当然，这并不意味着市场就能开脱责任，尤其对于那些确实存在着“诱导消费”倾向和“成瘾性设计”的游戏厂商，我们必须有所作为，但不能因此就可以把所有问题都归咎于市场。一味“甩锅”游戏、“甩锅”市场，非但无助于解决问题，还可能在“避重就轻”中掩盖真正的病灶，阻碍由政府、市场、社会，家庭、学校、社区等多元主体共同参与的“治理共同体”之真正形成。

相信在“良法善治”的目标牵引下，在推进治理体系和治理能力现代化的进程中，“一放就乱、一管就死”这一当下市场经济的治理难题必将逐渐获得更全面、更深刻的理解，也必将得到更坚决、更彻底的破解。

---

① 参见邓林园等《父母心理控制、自主支持与青少年网络游戏成瘾：冲动性的中介作用》,《中国临床心理学杂志》2021 年第 2 期；张燕贞等《大学生网络游戏成瘾的心理社会影响因素：非适应性认知的中介作用》,《华南师范大学学报（社会科学版）》2017 年第 4 期；楼高行、王慧君《青少年家庭依恋、朋友依恋与网络游戏成瘾的关系》,《现代教育科学》2009 年第 2 期。

第三节　“主旋律”和“多样化”如何更好地共生共荣？

对主旋律的强调一直是党的文艺方针的主线。但与此同时，文艺的多样化问题也一直是党的文艺方针的重要组成部分。如1957年，毛泽东在《关于正确处理人民内部矛盾的问题》中“关于百花齐放、百家争鸣、长期共存、互相监督”的部分指出，“艺术上不同的形式和风格可以自由发展，科学上不同的学派可以自由争论。利用行政力量，强制推行一种风格，一种学派，禁止另一种风格，另一种学派，我们认为会有害于艺术和科学的发展”。①1979年，邓小平《在中国文学艺术工作者第四次代表大会上的祝辞》中指出“雄伟和细腻，严肃和诙谐，抒情和哲理，只要能够使人们得到教育和启发，得到娱乐和美的享受，都应当在我们的文艺园地里占有自己的位置”②。尤其自改革开放以来，文艺的“商品属性”逐渐被承认，市场在文艺生产资源的配置中逐渐发挥作用，文化产业在繁荣文艺事业中的地位越发突出，这一系列变化为“文艺的多样化”这个老问题又增加了政治经济学的新基础。简言之，如果我们承认，“一定的文化是一定社会的政

① 《毛泽东选集》第五卷，人民出版社1977年版，第388页。

② 《邓小平论文艺》，人民文学出版社1989年版，第6页。

治和经济在观念形式上的反映”这一马克思主义基本原理，那么就必须面对“经济成份的多样化，不可避免地要反映到意识形态领域来，带来思想文化的纷繁庞杂”。[①] 在这种情况下，引入市场机制配置文艺生产资源，以满足人民群众不同层次、不同品位的精神文化需求，就必然要面对定位不同、功能有别、风格多样的精神文化产品，必然要面对“有益的”“无害的”“有害的”产品并存的格局，也必然会难以避免“何为有益、何为有害”的评判标准本身随着时代发展之变化。那么应该如何处理文艺的总方向和多样化的精神文化产品之间的关系？“弘扬主旋律，提倡多样化”的方针应运而生。

一、“主旋律”和“多样化”的提出及其具体执行中的问题

“主旋律”和“多样化”最早是在 1987 年 3 月全国故事片厂厂长会议上，由时任中宣部副部长的贺敬之同志在讲话中以“突出主旋律，坚持多样化”的形式提出的。20 世纪 80 年代中期以后，中国电影市场经历了“文革”后最初几年的繁荣，开始走下坡路。娱乐片自然被视为“救市”良药，在中国电影市场上大规模涌现。但随之而来的是，“媚俗、庸俗、粗制滥造之作泛滥于

① 本刊编辑部：《论“弘扬主旋律、提倡多样化”》，《文艺理论与批评》1995 年第 5 期。

市、‘裸、露、脱’频频闪现于银幕”，部分娱乐片承载的多元乃至不良价值观令主流社会感到忧虑。在这种背景下，“突出主旋律，坚持多样化”的提出，主要是为了在拥护改革开放的前提下坚持社会主义文艺的方向。1994 年 1 月，江泽民同志在全国宣传思想工作会议上明确提出了“弘扬主旋律，提倡多样化”，将这个最早来自电影领域的政策正式提升为指导全国文化建设的总方针之一。总的来说，“弘扬主旋律”是为了突出创作的社会主义方向，“提倡多样化”是为了保障文艺百花园的繁荣发展。“弘扬主旋律，提倡多样化”作为一个有机整体，其经济基础是我国以公有制为主体、多种所有制经济共同发展的基本经济制度及其在文艺生产领域的运行，其目的则是在确保党的文化领导权之同时，推动文艺在中国特色社会主义市场经济条件下的繁荣发展。

“弘扬主旋律，提倡多样化”自提出以来，得到了理论界热烈响应，在文艺生产的实践中也产生了积极效果，其中最突出成效就是电影界出现了一批诸如《开国大典》《大决战》《焦裕禄》《孔繁森》《周恩来外交风云》《离开雷锋的日子》等精品力作。但与此同时，我们也不得不正视，该政策在具体落实中产生了一些问题，梳理起来最重要的有两个。一是在何为“主旋律”和“多样化”的问题上，出现了“题材决定论”的简化倾向。根据柳城在《关于主旋律、多样化及其他》一文中的判断，“题材决定论”

一度是人们判断何为“主旋律”和“多样化”的一个突出问题。[①]也就是说，人们会在界定“主旋律”和“多样化”的问题上倾向于简单处理，似乎现实题材和重大历史题材就约等于“主旋律”。但其实这“是非常狭隘的，也是很不准确的。事实上，主旋律作为一种创作精神，要求电影艺术家在创作中应当加强自身的政治责任感，努力把握时代精神，使之贯注于自己的作品中去，以争取最佳的社会效益”[②]。因而无论何种题材，只要体现了这种作为“创作精神”的“主旋律”，只要能承担“主旋律”的功能，就不啻为“主旋律”。

二是在对待“主旋律”和“多样化”的关系上，出现了二元倾向。根据韩志君的《电影创作的一个理论误区——也谈“主旋律”与“多样化”》一文，当时的电影界存在着一个误区：“似乎我们的作品可以分为两部分：一部分是主旋律的，一部分是多样化的；‘主旋律’是时代精神比较强的，‘多样化’则是娱乐性比较强的；‘主旋律’是拿奖的，‘多样化’则是赚钱的；主旋律是大力倡导的，多样化则是可以允许存在的，等等。”在这样的误解下，很多单位提出“两手抓”：一手抓要脸的，一手抓来钱的。“这样，就使‘突出主旋律’与‘坚持多样化’形成了二元对立，

① 参见柳城《关于主旋律、多样化及其他》，《北京电影学院学报》1995 年第 1 期。

② 本刊评论员：《突出主旋律　坚持多样化——电影创作的广阔道路》，《当代电影》1991 年第 1 期。

成为一种理论误区。这样一种理论误区，也在创作实践中产生了后果：我们有一些所谓的‘主旋律’作品，‘假、大、空’，离实际很远，离生活很远，离群众也很远……成为马克思早就批评过的那种‘时代精神单纯的号筒’；而我们又有一些作品，则在‘多样化’的掩护下表现出马克思所尖锐批评过的那种‘糟糕的个性化’倾向，如某些极端个人化、边缘化的作品等等。”[①]那么，究竟应该如何界定“主旋律”和“多样化”，又该如何更好地处理“主旋律”和“多样化”的关系？新主旋律以实践给出了精彩回应。

二、“主旋律”和“多样化”的融合发展：以新主旋律电影为例

“主旋律”和“多样化”就像井水与河水，在一定发展阶段，确实可能出现“井水不犯河水”的“虽共存但隔离”的短暂局面，但我们更应相信，“井水”和“河水”一定会在某个阶段汇流融合，奔向更广阔的海洋。尤其自党的十八大以来，文旅融合、媒体融合、融合出版、融合创新、融合发展，“融合”成为各文化行业乃至各行各业的关键词，也牵引着各行业破除旧有

① 韩志君：《电影创作的一个理论误区——也谈“主旋律”与“多样化”》，《电影文学》2003 年第 7 期。

格局下限制高质量发展的藩篱。这个趋势表现在电影创作中，就是“主流电影的商业化和商业电影的主旋律化”以及在此趋势中“新主旋律电影”的出现。[①]

其实“主旋律”和“多样化”从来就不是两个平行发展的领域。即便在我国的计划经济时代，商业类型及其审美因素也在文艺创作中发挥着重要作用。根据祁海对“十七年”时期红色经典电影的研究，由于新中国的电影人有很多都来自商业文化繁荣的大城市，又有很多人出身文工团，颇懂剧场效果，多年来养成了重视市场、重视观众心理的习惯。这让老一代新中国电影人创作出的“十七年”经典电影多数其实不是所谓的“严肃正剧”，而是“采用各种类型片样式或跨类型样式作为载体，创作思路开放，艺术手段丰富，商业卖点鲜明，真正做到‘寓教于乐’”[②]。比如，高举炸药包舍身炸碉堡的董存瑞就是大银幕上营造视觉冲击力的典范。《渡江侦察记》《铁道游击队》《英雄虎胆》是惊险片样式与“主旋律”的结合。《五朵金花》虽常被描述为歌颂社会主义新农村的少数民族题材典范，却做到了将喜剧片、爱情片、音乐片、风光片、民俗片等多种商业类型熔于一炉，不乏城市观众也感兴趣的各种卖点。

---

① 参见路春艳、王占利《主旋律电影的商业化与商业电影的主旋律化》，《当代电影》2013 年第 8 期。

② 祁海：《“主旋律”与“多样化”如何携手？——解读十七年时期红色经典电影的商业元素》，《中国电影市场》2011 年第 4 期。

图 5-6　电影《五朵金花》剧照

图 5-7　斩获多项欧洲艺术电影大奖的法国电影《蓝白红三部曲》海报

由此可知，“主旋律”和“多样化”从来就不必是对立的；或者说，“主旋律”和“多样化”的对立，只可能出现在某些陈腐的思想观念、敷衍的创作态度和僵化的管理方式中。以史为鉴可以得出此结论，放眼世界更能得出此结论。纵观世界上的电影强国，必须看到，“美国梦”“个人英雄主义”等美国主流价值很大程度上是依托好莱坞式的商业电影体制得到世界范围的推广的。[①] 而“自由、平等、博爱”的法国主流价值也少不了从法国艺术电影体制中走出的艺术电影的承载、塑造和传播。[②] 政治、商业和艺术并非一道“单选题”。换言之，用同样的作品去“拿奖”和“赚钱”，去“要脸”和“养家”，去“叫好”和“叫座”，去生产“经济效益”和“社会效益”，不仅并非不可能，而且是中国特色社会主义市场经济条件下文艺发展的正途，是在新时代重铸文艺“高峰”的正解。

正是在这样的语境中，既能承载爱国主义、集体主义、英雄主义、人类命运共同体等主流价值观，又能获得不俗票房业绩的“新主旋律电影”应运而生（本书第二章对此多有论述，在此不多赘言）。在研究者的诠释中，“新主旋律电影”不只是《战狼》系列、《长津湖》系列、《流浪地球》系列等几部优秀电影个案，

---

① 参见［法］诺文·明根特《好莱坞如何征服全世界：市场、战略与影响》，吕妤译，商务印书馆 2016 年版。

② 参见李洋《法国当代电影与艺术等级体制》，《当代电影》2014 年第 7 期。

更应发展为一种“可持续发展”的电影创作“新常态”。[①]因为它打破了主流电影、商业电影、艺术电影三分天下的格局，符合融合发展的趋势。它寻求的是主旋律电影和商业电影的交集，通向的是“主流价值与主流市场的合流”[②]。它奉行“欲施说教、先建认同”的策略，力图将主流价值缝合进成熟的商业类型叙事中，致力于将明星制度和视听奇观改造为主旋律的强大手段。它以取长补短、深度融合的生产实践及其优异成绩，出色地回应了“‘主旋律’和‘多样化’的关系是什么”这一改革开放以来的难题。

总结“新主流电影”成功的秘诀，两件事情十分值得强调。一是它对商业电影的生产机制和创作元素进行了细致区分。哪些是可以直接拿来使用的（比如成熟的叙事类型），哪些是需要摒弃的（比如“枕头加拳头”的低俗套路），哪些是需要改造以符合新时代文艺创作的总要求的（比如明星制和视听感官刺激），在具体创作中，所有的一切都进行了“拿来主义”式的分层次、分语境、分情况的具体裁断和处理，而非“一刀切”式的割席了断或无差别的全盘接受。二是从 20 世纪 80 年代到今天，主旋律电影的“进化”经历了约 40 年的漫长历程，它是电影生产活动自身在对政策和市场的双重响应之下，在不断试错和调整中逐

---

① 参见陈旭光《中国新主流电影大片：阐释与建构》，《艺术百家》2017 年第 5 期。

② 尹鸿、梁君健：《新主流电影论：主流价值与主流市场的合流》，《现代传播（中国传媒大学学报）》2018 年第 7 期。

渐形成的，需要一个将政策导向消化吸收进自身内在的创作逻辑的过程，而期间也不乏“螺旋上升”中的反复。因而这个过程远非一蹴而就，需要足够的耐心，这个过程更非“长官意志”的产物，而是需要“主旋律”和“大片”两个创作传统在“摸爬滚打”中逐渐找到那个能够让双方都真正认同且共赢的表达形式。

但上述“分类处理”和“耐心等待”两条经验做起来在很多时候并不那么容易，这就难免造成我们在处理“主旋律”和“多样化”问题上的一些偏差。以下以阴柔审美和“娘炮”形象的区分以及网络文学现实题材和幻想题材的互动为例说明该问题。

三、“主旋律”和“多样化”的健康互动：分类别处理和长周期培育

（一）阴柔审美和“娘炮”形象：区分必要及其难度

2021 年 8—9 月，有关部门联合行动，以通知、倡议、评论等多种方式，整顿文娱市场各种失范现象。[①] 其中“坚决杜绝‘娘炮’等畸形审美”“‘娘炮形象’喧嚣一时，畸形审美影响恶劣”

① 参见《国家广播电视总局办公厅关于进一步加强文艺节目及其人员管理的通知》，https：//www.gov.cn/zhengce/zhengceku/2021-09/02/content_5635019.htm；《修身守正　立心铸魂——致广大文艺工作者倡议书》，《光明日报》2021 年 8 月 25 日。

等表述引起网络热议。理解主流文化对“娘炮”的声讨，必须先从“娘炮”与“阴柔”的区分开始。简言之，“阴柔”是个审美现象，“娘炮”则是一个利用了“阴柔”的媒体和产业现象。反对“娘炮”，并不意味着反对阴柔；反对被资本裹挟的不良产业现象，并不意味着反对多元的男性审美。

阴柔，本就是一个有着极深底蕴的中国美学范畴。万物皆可阴柔，万物也皆有其阴柔的一面，男性也不例外。在一定历史阶段，“美丰仪”等阴柔形象也曾是上层阶级乃至整个社会的审美风尚。20 世纪“战争与革命”的变奏和社会主义工业化建设的浪潮，催生了我们对“阳刚”的需要，“阳刚”成为一种主流男性审美，成为主流文化对男性气质的期待，但与此同时，它也参与建构了我们对于男性的“性别刻板印象”：男性要阳刚、要孔武有力。但就像“阳刚”是时代产物，审美也会继续随时代变化。进入后工业时代，劳动对身体和体力的要求不那么高了，相应地，智力性和情感性的劳动越发重要，日常社会生产对“阳刚”的需要也变得不那么强烈。同时，女性进一步崛起，尤其在消费领域成为一支重要力量。女性喜欢看好看的男人，就像男性喜欢看好看的女人；更重要的是，女性也在一定程度上获得了更多定义“何为好看”的权利，外加日、韩文化和二次元文化男性形象的影响，在“阳刚”的审美之外，她们也越发开始需要“暖男”“呆萌”等相较更能暗示温柔体贴、更少侵凌性、更具亲和力，也更能给人“治愈感”的“阴柔”形象。[①] 就这样，阴柔的男性审美风尚也逐渐发展起来，成为阳刚的补充。其实，今天我们时代审美的一大努力方向就是主旋律和多样化并存发展、和谐共生。事实证明，在“阳刚”之外，多样的男性审美和男性气质也开始在民间层面越发被不同代际和阶层的群体接受。[②]

但经常和“阴柔”混在一起的“娘炮”，虽和阴柔的男性审美有关，但其实有着根本不同。内地娱乐——尤其是偶像行业，在引进日、韩偶像工业模式的基础上，已经发展成了今天“全民制作人＋练习生成团出道”的模式。不断涌入的资本为了降低投资风险，不得不倚重已被证明为“受欢迎”的审美模式。既然日、韩偶像工业模式输出的男性审美已经被证明深受亚洲女性欢迎，那就不妨从其生产模式和产品形态上加以合理引进，进而全面发扬光大，这就有了今天内娱偶像工业年复一年生产出的、一茬又一茬的、有着高度同质化和套路化形象的偶像产品。

但试问，难道行业不需要差异吗？莫不见在女性审美领域，千篇一律的“白幼瘦”和“网红脸”已经反噬行业自身，审美疲劳的民众开始追求更加有辨识度的“高级脸”。因而，从行业

---

① 参见盖琪《性别气质与审美代沟——从“娘炮羞辱”看当前媒介文化中的“男性焦虑”》，《学术研究》2019 年第 7 期；辛晔、史昱锋：《“娘炮儿”真的“娘”吗？——消费社会下对青年男性气质的再审视》，《中国青年研究》2019 年第 2 期。

② 参见邵燕君《再见“美丰仪”与“腐女文化”的逆袭：静悄悄发生的性别革命》，“媒后台”微信公众号，2016 年 3 月 16 日。

自身的健康发展角度来看，人们需要的恰恰是有识别度的审美和人格（人设），有差异的产品和品牌。试问，难道艺人自身不苦“娘”久矣吗？为了维持行业灌输给他们的那种单一的、所谓的“受欢迎”形象，他们不得不时刻节食、随时精致，甚至不惜改变骨相，还必须认清现实，面对隔年就被下一茬偶像替代的危机和命运。试问，难道民众愿意被这样的精神文化食粮“投喂”吗？在审美疲劳之下，“老腊肉”被变成了香饽饽，“四大天王”时代的怀旧照片再次被网友翻出来，复古风开始再次流行。

但似乎行业的困境、从业者的苦楚、民众的不满都不能改变资本的惯性。在没有外力介入的情况下，资本在这条已经要被“耗”尽的审美道路上，究竟要再走多久，又究竟何时才能等到市场自发开展有效的调节？我们很难判断。但是，文化产品是一种特殊商品，当有着逐利性和滞后性并已被资本左右的市场无法做出有效调节时，宏观调控就显得尤为重要。因而，官方反对“娘炮”，反对的不是多元的审美文化，不是高效的市场机制，不是更平等的性别秩序，而是资本裹挟下审美文化的不良发展趋势。[①]

① 参见文新达《高度警惕“娘炮形象”背后的审美偏狭》，《中国艺术报》2021 年 9 月 3 日。“文新达”是中国文联理论研究室发表评论文章的“笔名”。

图 5-8 《琅琊榜》中的“梅长苏”形象继承了“美丰仪”这一中国传统男性审美

但之所以引发网络热议甚至争议，我们也不妨进行一些反思。首先，必须承认，“娘炮”[1]这个词本身确实是一个被嵌入了性别刻板印象和性别秩序的词汇。因而，当我们说一个男人“娘炮”时，这个男人会不舒服（无论他是否认同主流阳刚审美），同时女性恐怕会更不舒服，因为此言包含着根深蒂固的性别歧视。[2]事实上，“娘炮”在 2017 年已经被《中国妇女报》列为“性别歧视类禁用词”[3]。而主流文化在上述行动中使用性别歧视类词

① “娘炮”由表示“少女”和“母亲”的词根“娘”和表示“有经验”的词缀“炮儿”（老炮儿、职场炮儿）构成，在字面上表示在女性行为和气质上很有经验的人。有人考证，该词源于台湾，最早的公众亮相是在青春偶像剧《别叫我软柿子》中，女主骂男主“娘炮”、没男人样。也就是说，娘炮最初就是作为一种“羞辱性的语言”出场的。

② 参见王雨康《网络流行语“娘炮”折射的性别偏见》，《新闻研究导刊》2018 年第 22 期。

③ 《中国妇女报发布性别歧视类禁用词》，《中国妇女报》2017 年 7 月 27 日。

语，也确实是舆情发酵点之一。因而，我们确实可以考虑，换一种更加合适的方式来表达当下这种被资本裹挟的畸形审美现象。

其次，虽然舆情发酵后，有关部门及时跟进，以权威评论的形式，对阴柔审美和“娘炮”形象进行了区分①，但如果能提前预判舆情风险，在发布通知、倡议和评论的同时，就能对此做出说明，重申我们“突出主旋律，坚持多样化”的原则，或许能够化被动为主动，让政策产生更积极的效果。

最后，也必须看到，虽然我们确实可以在道理上对阴柔审美和“娘炮”形象做出清晰判明的区分，但是在实际操作中，哪些是天生气质和工作需要的阴柔审美，哪些又是资本裹挟的“娘炮”形象？这里确实存在着判断标准模糊、主观、难以把握的情况。运动式治理的压力下，无所适从或过分求稳的心态下，就难免暂时在局部出现不做分类处理的“一刀切”的情况，给市场和民众暂时造成一种主流文化不宽容“多元审美”的误解。但同时我们也必须认识到，即便是十分完备的制度设计，在执行时都会发现其缺陷，“公共政策本来就是在‘制定—执行—改进制定—再执行’这样一个渐进调适的过程中逐步推进的。但如何在执行中发现问题并据此进一步完善政策？这就需要有一个完善的信号系统，能及时充分地反映政策执行偏离信息，政策制定者就能及

---

① 参见文新达《高度警惕“娘炮形象”背后的审美偏狭》，《中国艺术报》2021 年 9 月 3 日。

中发现问题并据此进一步完善政策？这就需要有一个完善的信号系统，能及时充分地反映政策执行偏离信息，政策制定者就能及时发现并弥补制度和政策缺陷。因而，有效的执行体系，除了应尽可能完善执行制度外，还应在信号机制建设上下功夫；除了要完善内部信号机制外，也应注意完善外部信号机制，让更多的外部信号更顺利地传递到政策执行者”[①]。所以，或许最终我们需要做的还是在推进治理体系和治理能力现代化的进程中，形成多元主体“多元共治”的格局，疏通自上而下和自下而上的双向反馈及协商机制，营造良好的沟通和对话氛围，才能更有效也更根本地应对“一刀切”这一政策在执行过程中可能出现的问题。

（二）现实题材和幻想题材：网络文学的融合发展何以真正可能？

互联网发展早期，网络文学的商业模式还没有出现，用户精英属性还比较突出。当时，其实不乏青春、都市等现实题材网络文学，如常常被追认为第一部网络小说的《第一次亲密接触》就是现实题材网络文学的早期代表。但后来，现实题材式微，与此同时，玄幻、修仙、无限流等幻想题材则在互联网这块肥沃的土

---

① 张璋：《政策执行中的“一刀切”现象：一个制度主义的分析》，《北京行政学院学报》2017 年第 3 期。

图 5-9　版画《咱们的工人有力量》　伍必端　1958 年　图片来源：网络

壤中获得了较好的生长。以至于在很多人的印象中，网络文学就约等于各种异世大陆、人神混杂、奇玄异能与平行穿越。这种印象在一些观念比较传统的人的眼中则意味着，网络文学虽容得下万千世界各种法门，虽能延伸至宇宙之外的宇宙，却唯独没有我们生存的这个空间。

近年来，网络文学的生产格局发生了巨大变化，其中最瞩目的就是现实题材的崛起。2015 年以来，有关部门开始以政策、评奖、评论、人才培训等多种方式调控网络文学生产，其中的一个重要方向，就是大力培育现实题材网络文学。比如《大江东去》《网络英雄传》《大国重工》等一批现实题材网络文学作品获得了“五个一工程”奖、中国出版政府奖等国家级奖项，“更加倡导现实题材创作”更是各个行业推优活动的一个重要指导原则。此外，以《人民的名义》《我不是药神》《红海行动》《我的前半生》等为代表的一系列现实题材影视作品大热，让生产主体嗅到了消费者对现实题材的需求。在宏观调控和市场需要的双重作用下，近年来，各大网络文学平台纷纷出台“组合拳”，从作品曝光度、版权运营、作者签约和培训等多个角度加大了对现实题材的资源倾斜力度。与此同时，随着网络文学的发展，一批年龄相对较大的作者也开始进驻网络平台，把现实主义的文学传统代入了网络空间。而一些写玄幻出身的年轻作者也从幻想题材这个大神云集的“红海”转向了现实题材这个更广阔的空间，开始尝试题材上的突破和创新。必须看到，现实题材的崛起虽少不了自上而下的调控，但更多的是管理者、平台、消费者和作者等多元主体通力作用的结果。[①]

① 参见许苗苗《网络文学：从背向现实再次面向现实》，《中国文艺评论》2020 年第 3 期。

图 5-10　融合出版成果《大江东去》书影

时至今日，现实题材如果不能说已成为网络文学的主流范式，也肯定已能与幻想题材并驾齐驱。比如，现在通用的网络文学发展报告一般会为“现实题材”和“幻想题材”各辟专章，而网文平台的各种路演、汇报也会对“现实题材”和“幻想题材”进行分类展示。更重要的是，在很多民众的感知中，网络文学也成为不仅能产出《斗罗大陆》，也能长出《大江东去》的内容产业，在这里“主旋律”和“多样化”能够共生、共荣。

但肯定成绩的同时，我们也必须看到，虽然在我们对“现实题材”的大力扶持和倡导下形成了“幻想题材”和“现实题材”的二分格局，但恰恰是这个二分格局本身，目前已经出现了多年前电影界在落实“弘扬主旋律，提倡多样化”的政策中曾经出现过的偏离。当下，在部分网络文学从业者的观念中，“现实题材是用来拿奖的，幻想题材是用来赚钱的”“现实题材是用来要脸的，幻想题材是用来养家的”。同样的问题似乎从电影生产领域复制到了文学生产领域，又来了一次“转世投胎”。由于各种推优活动经常出现诸如“倡导现实题材创作”之类的表述，一些平台甚至出现了专门针对评奖生产的现实题材“评奖特供”，但这

图 5-11 “首届全国网络文学现实题材主题征文大赛颁奖典礼”海报

些报送参选评奖的所谓的现实题材网络文学作品，实事求是地说，一部分不仅很难称得上“网络文学”，甚至连好的现实主义传统文学都算不上。提倡“现实题材网络文学”的初衷本是推动传统文学和网络文学融合发展，但在其实际执行中，却在局部出现了“优势互补”不足、“短板相接”有余的偏差。这究竟是为什么？

如果我们参照“新主旋律大片”的成长经历就会看到，“主旋律传统”和“大片传统”的深度融合，需要我们在尊重彼此差异的基础上，找到真正能够让二者在融合中创新、在融合中发展的方式。这种融合一定不是拼贴，也一定不是妥协，而是从彼此内部生长出来的真正的“创造”，因而才需要一个漫长的试错周期和成长过程。如果认为“要求一下达、行业一动员、措施一跟进、榜样一推出”，就能在全行业产生“立竿见影”的效果，这显然不符合文艺创作的规律，重压之下难免揠苗助长，各种虚假伪装或“发育不良”的现实题材网络文学作品便由此产生。

因而，助推现实题材网络文学这一融合类型茁壮成长的第一步，或许反而是深刻意识到网络文学和传统文学尤其是现实主义文学在生产机制、审美形态、人物塑造逻辑、故事生成逻辑上的诸多差异。[①] 这意味着，对于“何为文学”和“文学为何”这些

---

① 生产机制、审美形态的差异参见邵燕君《面对网络文学：学院派的态度和方法》，《南方文坛》2011 年第 6 期。角色和故事生成逻辑上的差异参见王玉王《萌要素与数据库写作——网络文艺的“二次元”化》，载陶东风、周宪主编《文化研究》（第 40 辑），社会科学文献出版社 2020 年版。

根本问题，与后现代社会、新媒介、娱乐精神和大众文化更亲近的网络文学可能和由现代社会、印刷媒介、启蒙精神和精英文化孕育的传统文学会有着不同回答，而主动阅读19世纪、20世纪现实主义小说的那一代人和追更网文长大的那一代人，也可能有着不同的情感结构和思维方式。必须看到，在认识到差异的基础上，融合才能以更扎实、内在的方式展开。

幻想题材网络文学如何以自身的方式与此在当下的现实及其建构的生命经验发生互动？现实主义文学这一严肃文学的主流形态在何种意义上、以何种方式才能在幻想题材网络文学中获得更有生命力的继承？在虚拟和现实、线下和线上无缝衔接的当下，“幻想”和“现实”的传统观念本身是否也需要在重新审视中进行更新？近年来，网络文学研究围绕着诸如此类的问题进行了多元探讨。有的认为网络文学的现实题材和幻想题材并非泾渭分明，幻想题材也能映射现实，而现实题材也常有幻想元素。[①]有的认为网络文学超现实的幻想世界迎合的恰恰是“读者幻想实现的各种物质性的欲望”[②]，如幻想世界中的打怪升级和现实社会中的“成功学”共享着相同的情感结构，清穿小说中的宫斗宅斗与当代职场求生以相同的欲望作为基础。有的研究认为网络文学

---

① 参见许苗苗《网络文学：从背向现实再次面向现实》，《中国文艺评论》2020年第3期。

② 黎杨全：《网络文学：新媒介现实主义的崛起》，《中州学刊》2019年第10期。

的“奇幻叙事展现出特殊的现实品格、深刻而鲜活的时代感和想象力，使得及物的现实主义成为可能，也拓宽了现实主义的边界”[①]。有的研究认为在中国网络文学各种装神弄鬼的描写与意淫俗套的故事的根底处，是虚拟生存体验。但这样的“虚拟生存体验并不是直接体现为网络文学的内容，而是其‘结构’，即剥离掉内容之后的‘骨架’或形式，是从打怪得宝、种马后宫等各种欲望现实背后折射出来的世界想象、虚拟时空关系、主体的多重性与非中心化、网络社群与虚拟人际交往等”[②]。更有人认为，在数码媒介环境中生成的幻想类网络文学虽然和现实主义文学有着不同的底层逻辑，但前者在很多时候承担的恰恰就是后者曾经承担的功能。如“通过生产幻象来建构现实，通过锁定欲望并引导人们如何去欲望，来替代已经失效的精英文学实现其意识形态功能”[③]，又如“网络文学作品第一次使文学有力地触及了当代青年的生存状态与情感结构”[④]，在这个意义上，网络文学之于当代青年，就如现实主义文学之于 19 世纪、20 世纪的青年。

---

① 胡疆锋：《通向及物的现实主义——论网络文学的现实转向》，《社会科学辑刊》2021 年第 1 期。

② 黎杨全：《网络文学：新媒介现实主义的崛起》，《中州学刊》2019 年第 10 期。

③ 邵燕君：《在“异托邦”里建构“个人另类选择”幻象空间——网络文学的意识形态功能之一种》，《文艺研究》2012 年第 4 期。

④ 王玉玊：《以游戏经验重审现实：游戏化的网络文学——以颜凉雨〈鬼服兵团〉为例》，《文艺理论与批评》2017 年第 5 期。

不难看出，上述讨论虽立场不同、角度各异，但“现实”和“幻想”超越“二元性”的关系始终是所有讨论的主线。而这个问题上的“百家争鸣”，也从侧面反映了对于“网络文学的现实维度和幻想维度如何融合发展”或者说“文学以什么样的方式才能同时继承网络文学和传统文学的优良基因”这个问题，一切都仍在试错、探索、争鸣的过程中，没有定论，也因此充满了各种可能。或许正如将“主旋律”和“多样化”成功熔于一炉的“新主旋律大片”之出现，需要经历一个漫长的过程，将“现实”和“幻想”以更好的方式熔铸起来的网络文学也需要一个更长的生长周期。或许在这个过程中，现实、幻想，还有文学自身的定义都需要被重新提出并获得重新考量。这就需要我们拥有足够的耐心和宽容，尤其需要治理主体“功成不必在我”的胸怀和“功成必定有我”的担当，才能让“主旋律”和“多样化”在网络时代获得更有创造力、生命力和感染力的共生共荣。

结　语

文艺有意识形态和商品双重属性。如何处理好这两种属性，如何处理好这两种属性的关系，不仅是一个理论问题，更是一个实践问题；不仅是中国必须面对的问题，也是各国必须面对的问题。这个问题在建设中国特色社会主义的当代中国语境中，就具体转化为如何在坚持党的文化领导权的同时，充分发挥市场配置文艺生产资源的优势，更好地满足人民群众多层次的精神文化需要。这也意味着，党的“文艺工作”在当代中国始终与“意识形态工作”和“经济工作”存在着双重交叉，文艺生产也始终承担着“教化民众”和“经济民生”的双重使命。

改革开放以来，在“自上而下”的大力推动和“自下而上”的热烈响应下，文艺的商品属性逐渐被人接受，国有经营性企、事业单位被推向市场，民营市场主体越发壮大，大众文化逐渐被认可接受，一言以蔽之，市场在文艺生产资源的配置中发挥的作用越来越大。必须看到，市场在繁荣文艺事业中作出了巨大贡献，具体表现在：文化产业已构成我国国民经济的新亮点；文化产品的产量更大、服务范围更广；文化龙头企业数量逐年增加、规模持续扩大；文化多样发展，人民群众多层次的精神文化需求获得了更充分的满足；市场孕育出一批“叫好又叫座”的精品力作；市场机制丰富了我国的文艺生产方式，促进了不同生产机制的对话、融合；市场化较好的新兴文艺领域充当了我国“文化出海”的主力军等。

但与此同时，我们也必须看到，市场不是万能的。“市场失灵”的现象本就出现在包括文艺生产在内的诸生产领域，“市场调节”和“宏观调控”一直都是现代经济体制的重要组成部分。与此同时，也必须看到，文化产业是风险相对较高的产业，与其他产业相比，其生产更不可控，需求也更不确定，在这种情况下，如果任由追求“高回报、低风险”的市场发挥资源配置作用，就可能出现损害文化多样性、挤压文艺创作空间等弊端。然而更重要的是，文化是一种特殊商品，虽不乏娱乐功能，但更担负启蒙使命。因而文艺生产需要在把社会效益放在首位的前提下尽量追求社会效益和经济效益的统一。上述所有的一切都意味着，我们不仅应该让市场在文艺生产资源的配置中发挥主导作用，更应更好地发挥政府的作用。

在建设文化强国、勇攀文艺高峰、加快形成新质生产力的新时代，应如何处理好“文艺与市场”的关系？习近平总书记关于文艺工作的重要论述是丰富的理论资源，更是鲜活的实践指导。党的十八大以来，在以习近平同志为核心的党中央的坚强领导下，新时代文艺市场发生了一系列可喜变化：如“双效统一”成为文化体制改革的方向。有关部门一方面重拳出击治理乱象，助力行业步入有序发展轨道；另一方面积极出台针对新现象、新问题的政策和措施，助推行业高质量发展。文艺行业协会则积极参与到“社会治理”的探索中来，在加强文艺界行风建设、团结市场化人才上做出了积极努力。但肯定成绩的同时，我们更应认识到众多有待改进的问题。如在勇攀文艺“高峰”的进程中，我们仍在探索如何在市场经济条件下更好地继承和发扬计划经济时代的艺术遗产。在推进治理体系和治理能力现代化的进程中，我们仍要直面“一放就乱、一管就死”的痼疾。在“主旋律”和“多样化”共生共荣的美好愿景下，我们仍在破解二者如何融合发展的难题。

前途是光明的，道路是曲折的。越难啃的“硬骨头”越是要啃，越是要啃难啃的“硬骨头”，就越要有“功成不必在我”的胸怀和“功成必定有我”的担当。相信在政府、市场和社会的共同努力下，将有更多的文艺大师和文艺高峰从新时代文艺市场中涌现。新时代文艺市场必将在建设社会主义文化强国中发挥更巨大的潜力和更积极的作用。